承認欲求に振り回される人たち

榎本博明 著

駱香雅 譯

人們為什麼想要被認可？

如果這樣在意人，你會累的！

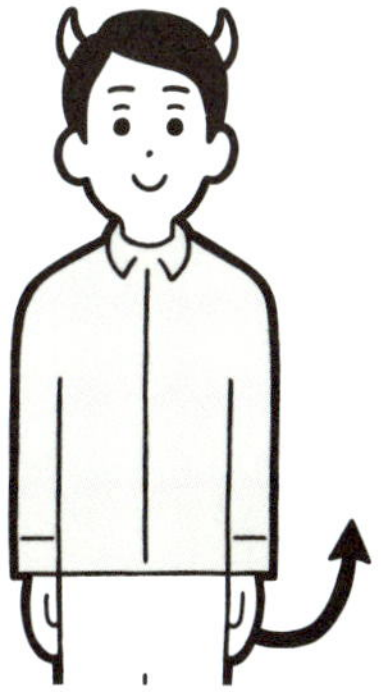

方舟文化

Contents

第4章 「認同渴望」的真面目

第5章 如何妥善掌控「認同渴望」？

「渴望他人的認同。」
「想要更加了解自己。」
有這種想法的人，應該不是只有你而已。

另一方面，在你的身旁有沒有這樣的人呢？

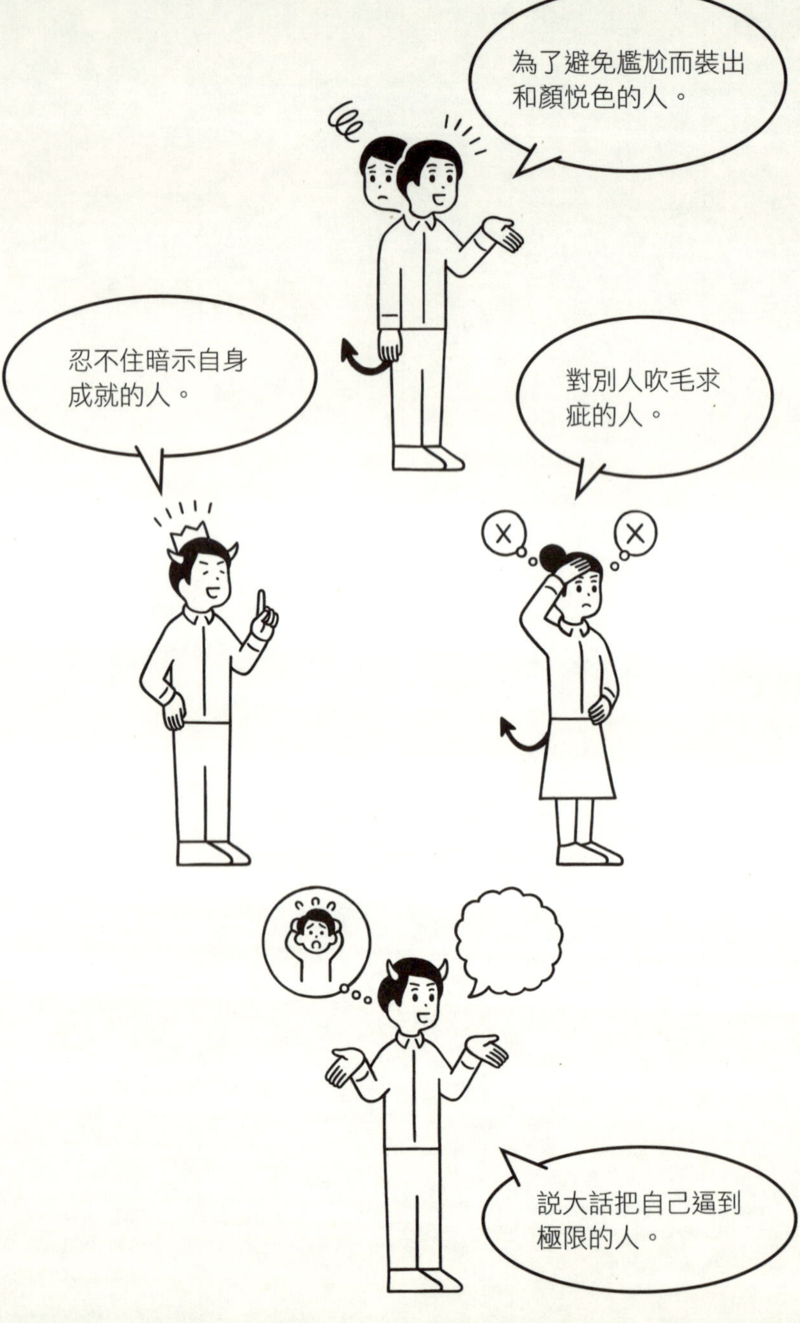
為了避免尷尬而裝出和顏悅色的人。
忍不住暗示自身成就的人。
對別人吹毛求疵的人。
說大話把自己逼到極限的人。

在職場或家庭都
壓抑自己的人。
NO
YES
覺得討厭卻說
不出口的人。
在社群網路上滿足
認同渴望的人。
SNS

本書所介紹的正是那些被認同渴望牽著鼻子走，
成為「認同渴望怪獸」的人們。

其實你自己可能也在不知不覺中
化身為「認同渴望怪獸」。

只要活在世上，我們都無法擺脫認同渴望。

既然這麼多人都深受其苦，

是不是只要放棄它就能解決了呢？

不，絕對不是那樣。

問題在於與認同渴望的「相處方式」。

只要改變相處方式，妥善掌控認同渴望，

它將成為我們生活上的強大盟友。

來吧！
不要被認同渴望牽著鼻子走，重新找回自己吧！

第1章

是否應該滿足「認同渴望」？

「認同渴望」是「壞東西」嗎？

請容我一開始就先說出結論。雖然本書的日文書名是《被認同渴望牽著鼻子走的人們》（承認欲求に振り回される人たち），但是認同渴望絕對不是一件壞事。

每個人的心中都存在認同渴望，我們從嬰幼兒時期開始，就會為了滿足認同渴望而努力。認同渴望也是我們成長的原動力。

舉例而言，在開始學步的幼兒時期，應該沒走幾步就東倒西歪吧？但是，當父母親在看到嘗試走路的孩子之後說了：「寶貝好厲害耶，已經會走路了呢！」孩子便會因此笑得非常開心。跌倒撞到臉的時候也是，應該很痛吧？不過小孩卻會爬起來繼續挑戰。即使年紀這麼小的幼兒，也是在成長需求或認同需求的驅使下，一次又一次地跌倒，然後再站起來練習走路的。那笑著看向父母的表情，就像在告訴父母：「太好了！我會走路了耶！」學會後翻上槓，也是迫不急待跟父母說：「快看我！」然後表演給父母看，並露出得意的神情。社團活動結束，留下來獨自練習時，如果路過的老師說：「喂，你蠻努力的嘛！」就算已經到了差不多該回家的時間，聽到老師如此鼓勵，又會打起精神繼續努力練習。

就像這樣，我們總懷著「想要獲得認同」的想法，挑戰著各種事物，一路努力成長至今。

進入求學時期後，我們也會出於想要獲得好成績、想要得到認同的想法而用功讀書。當然，掌握讀書技巧與理解未知事物的喜悅也都是讀書的原動力之一；但是另一方面，或許也是為了「想要獲得老師認同」、「想要得到父母認同」這些想法而努力。

踏入社會，進入職場後，我們一樣懷抱著「想要周遭人認為自己具備優秀工作能力」、「想要上司和前輩認同自己很努力」的想法認真工作。雖然具備充足的工作能力也可以滿足成長需求，並且成為努力向上的原動力，不過「想要早日獨當一面，獲得他人認同」的想法，更會加快成長的速度。

誠如上述，受到認同渴望的驅使絕對不是壞事。反而可以說，**認同渴望是個人成長不可欠缺的要素。**

慾望為幸福驅動，而非洪水猛獸

正如世界上存在「被慾望遮蔽雙眼」、「輸給了慾望」這類說法，甚至有著「禁慾」一類詞彙，慾望被人們視為洪水猛獸。此外，社會上也存在著「壓抑慾望、克服慾望就能成為了不起的人」這樣的想法。

相對於此，心理學家馬斯洛（Abraham Maslow）的主張是——**慾望絕非壞事，我們不該壓抑慾望，而是應該滿足慾望**。

他將帶有下述性質的慾望視為是「生存的基本需求」，若欠缺這些基本需求，將促使人採取行動以獲取所需——

①基本需求未獲得滿足的人會不斷追求滿足。

②基本需求未獲得滿足，將會使人生病、衰弱。

③滿足基本需求具有治療效果，能治癒因匱乏所導致的疾病。

④持續滿足需求能夠預防因匱乏而引起的疾病。

⑤健康的人不會顯露出這種匱乏狀態。

馬斯洛列舉出：**生理的需求、安全的需求、愛與隸屬的需求、尊重的需求**四項需求，這些是人類為了健康生活下去應該滿足的基本需求。

馬斯洛假設在這四項基本需求之間有著層次結構。越是下層，所屬的層次越低，同時也越是必須優先滿足的需求。

當較低層次的需求獲得一定程度的滿足後，人就會開始追求更高層次的需求。唯有沒有得到滿足的需求才會驅使人採取行動，而已經獲得滿足的需求，則不具備驅使人行動的特性。

這就是馬斯洛著名的「需求層次論」（Hierarchy of Needs），相信應該

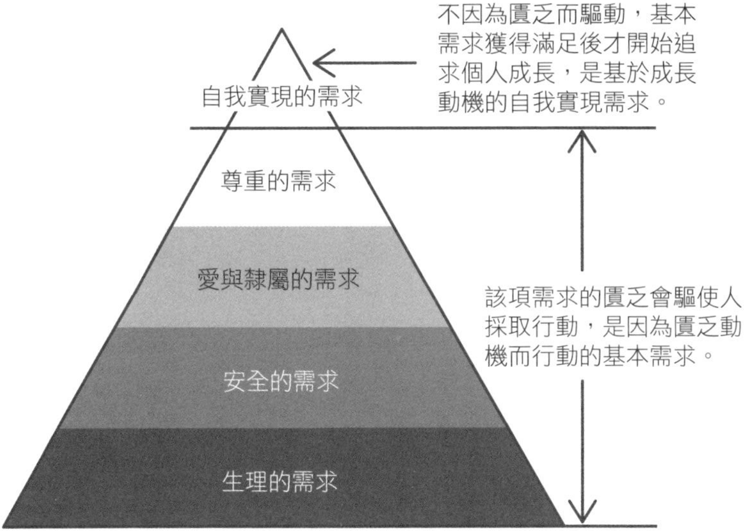

有很多人聽過這個理論吧！

需求層次論係由五項需求構成的層次結構，從最下層到第四層的基本需求大致滿足後，頂層的**自我實現需求**便會隨之浮現。前四項基本需求的匱乏能驅使人採取行動，例如：因為沒有隸屬的團體，所以追求隸屬於團體（就像因為得不到認同，而追求認同感一樣）。然而，自我實現需求卻是從匱乏感消除後，才開始追求起更進一步的成長。

當生理的需求無法得到滿足時，跟想要獲得他人尊重的想法相比，想要得到食物的想法便會佔上風，甚至在極端情況下，還會出現就算偷竊食物也要吃飽的選項。另一方面，較低層次的需求獲得滿足後，較高層次的需求也會緊接著浮現出來。

舉例來說，假設有一位畫家窮得連飯都沒得吃，那他的首要任務就是必須畫出能夠賣得出去的畫作。如果他的畫作賣不出去，就無以為生，生活也會過得不安穩。因此他在生理需求和安全需求的驅使之下畫畫，不是創作自己想畫的主題，而是符合大眾口味，能夠賣出去的畫作。

當那位畫家的經濟逐漸穩定，也擁有親近的朋友之後，由於生理的需求和愛與隸屬的需求皆已不會成為驅使行動的因素，此時就會被尊重的需求所驅動。如此一來，光是畫出符合大眾口味的畫作，已經無法滿足他的需求，他這時應該更想創作出能夠獲得專家高度評價的作品吧！於是乎，在作畫時他會以能入選、參展為目標。也就是說，在畫畫的同時，也會以「是否獲得他人認同」為考量。

人的基本需求通常並無法獲得百分之百的滿足，所以當基本需求達到大致滿足之後，自我實現的需求就會顯現出來。對於已經獲得專家們一定程度評價、擁有自信的畫家來說，由於已經滿足了基本需求，接著就會想要跟隨自己內心深處，盡情地創作，開始追求自我實現的需求。

此時作品是不是符合大眾口味、能不能賺錢、是否獲得專家的好評，都已變得不那麼重要了，因為他已經不再是當年那個被基本需求所驅動的畫家。他已能依循著以下想法創作——

- 想要把來自內心深處的所思所想傳達出來。
- 想要與他人分享自己感受到的感動。
- 畫畫不是要獲得什麼，而是想傳達自己豐富的內心層面。

● 想要對周遭的人事物有所付出。

正因為如此，在此高度的畫家才能不被周遭人的反應所影響，畫出自己想畫的作品。

想要表達自我；想要傳達內心的感動；想要為了某件事、某個人充分發揮自己的能力；希望他人開心；希望他人感到幸福；希望傾注愛情；希望認同他人；希望自己有所成長，能夠實現上述行為；希望自己成熟——以上這些，就是被自我實現的需求所驅動的渴望。

這本書的主題「認同渴望」，便位於基本需求的最上層。因此接下來，將稍微詳細探討這些基本需求。

迷失自我，是哪種需求不滿足？

①生理的需求

在馬斯洛的需求層次論當中，位在最底層的是生理的需求。所謂生理的需求，主要是指那些為了維持生命必不可少的需求，例如：為了避免飢餓而進食、為了解渴而喝水、為了消除疲勞而休息和睡眠等等，其中也包含性慾、追求刺激和活動需求。

對失去一切的人而言，生理的需求會成為最優先的考量。

對於飽受飢餓之苦的人來說，填飽肚子就是最緊急的課題，不管是獲得自由也好、擁有戀人和自尊也罷，在飢腸轆轆的時候，這些事情都變得無所謂。

若在追求較高層次的需求時不斷受挫，人就會萌生退意，讓自己安於滿足較低層次的需求。舉例來說，不管怎麼努力都無法滿足認同渴望以及愛與隸屬的需求時，人就會被食慾和性慾所驅動。雖然可以藉此撫慰內心，但是，如果就此故步自封，不再追求更高層次的需求，個人成長也會因而止步不前。

如果能夠結交可以分享內心世界的好友、結識彼此相愛的戀人，或許就可以從生理需求層次中解脫出來。從此在工作上也擁有自信，自然就降低了對生理需求的依賴程度。

② 安全的需求

當生理的需求獲得一定程度的滿足後，接下來就會出現安全的需求。所謂安全的需求，是指追求人身安全和生活安定的需求，例如：希望免於恐懼和不安，避免混亂、尋求秩序穩定等等。

具體來說，就是想要追求生活的安定，避免疾病、事故、災害、犯罪和治安問題等等。

就如同當前的我們，身處在物質充足且和平的社會當中，被野獸或暴徒襲擊，或者被捲入犯罪的情況很少見，也幾乎不太可能發生戰爭或經濟危機。當然，我們無法避免地震等天災，每天在全國各地也會發生好幾起交通事故，可是仍不至於像身陷戰爭或經濟危機時那樣，人身安全遭受到威脅。

然而，不僅只有戰爭或經濟危機這類極端的事件，才會威脅到生活的安全和穩定。例如：聽他人說比起把錢存在銀行，投資的獲利要高出好幾倍，因而接觸自己不熟悉的投資，結果血本無歸的人就不計其數——安全的需求也能讓我們避開這些風險。

任何公司都有倒閉的可能性，而誰也不敢斷言，自己絕不會因為無法忍受公司方針而辭職。說不定會因為頂撞上司而被炒魷魚，也可能因為生病而暫時無法賺錢。

因為考慮到這些風險，所以我們會儲蓄或買保險，以讓自己能夠安心過生活。

③ 愛與隸屬的需求

當安全的需求獲得了滿足後，接下來愛與隸屬的需求就會浮出檯面。所謂愛與隸屬的需求，就是指人尋求朋友、戀人、配偶或尋求隸屬團體的需求。

馬斯洛認為當生理的需求和安全的需求獲得滿足後，人們會深切感受到沒有朋友、沒有戀人、沒有配偶或沒有小孩的孤獨感。然後開始追求充滿愛的關係，試圖尋求能夠成為容身之所的隸屬集團，像是家人、朋友群體和職場等等。

我們也會為此付出一切的努力。

就現代的都會生活而言，鮮少有人是從出生以來就一直生活在只有熟人的鄰里環境當中的，而且現在應該也有很多人幾乎不會去跟鄰居交談。若隨著父母工作異動或購買房產等原因而搬家，有時還必須轉學，或與附近的朋友分離。

在這種快速變動的社會裡，人們的孤獨感正在蔓延。這會讓人感覺像是無根的浮萍般無依無靠，想要找個地方安頓下來，或想要擁有一個打從心底感覺平靜的棲身之所。

無論是尋求與他人交流，或是在找一個能夠接納自己的隸屬團體，這些都可說是以愛與隸屬的需求為動機的行為。

現在的年輕世代當中，很多人似乎對朋友也很小心翼翼。有些人為了不破壞現場氛圍，還會煞費苦心地用輕鬆的語調來炒熱氣氛，並因此很難對他人說出真心話。結果直到返家後，獨自一人的夜半時刻，才不禁反思「自己到底在幹嘛」，被深切的孤獨感和疏離感所折磨。

然而即使勉強自己配合周遭人，我們依舊還是想要擁有隸屬的團體，想要被他人接納成為夥伴。

我們就是生存在如此孤獨的社會之中。從這個意義上來說，許多現代人都是被愛與隸屬的需求所驅動的。

④ 尊重的需求

當愛與隸屬的需求獲得滿足後，至此尊重的需求終於浮現出來。所謂尊重的需求，是指會希望獲得他人認同和高度評價，就其結果而言，就是「想要擁有自尊」的需求。

尊重的需求有兩個面向——其一是追求名聲、評價、社會地位等等，獲得他人認同和尊重的面向；另一個則是追求實力、成就、成熟、自尊等等，對自己擁有自信和自豪的面向。

擁有真正意義上的自信，也就是擁有自尊，可以說是現代人最重要的課題。

每個人都強烈渴望獲得他人的認同。但是，如果太過於被他人的評價所束縛，總是觀察他人的臉色，隨著他人的反應而情緒起伏不定，不僅心情不平靜，也無法泰然自若地生活。有些人一旦無法得到預期反應，就認為「自己是廢物」而心情沮喪，想著「為何不能獲得認同」、「明明稱讚我也無妨啊」而心懷不滿。也有不少人因過度在意他人對自己的看法，行為舉止顯得拘謹不自在。

試圖膨脹自己的人也是如此，雖然被尊重的需求所驅動，但是他們的內心深處其實缺乏自信。因此，即使是虛張聲勢也忍不住想要尋求他人的認同。

綜如上述，只要根據馬斯洛的需求層次論加以思考，就可以很清楚地知道現代人的內心狀態和行為模式。**當基本的需求得不到充分滿足時，人就會迷失自我，淪為衝動的奴隸。**

大部分的人即使生理的需求和安全的需求獲得一定程度的滿足，但是愛與隸屬的需求以及尊重的需求卻未獲滿足。因此，拚命地在尋求愛自己的人、歸屬感和認同感。

為什麼我們總和朋友一起做蠢事？

雖然內心裡其實不想做這種事，或明知不能做，卻為了獲得夥伴的認同，不得已而為之——這種事情時有所聞。

極端的情況下，有人甚至會在這種心態下做出順手牽羊等不良行為。

就拿某一位少年來說吧！其實他是位有教養與道德觀念的孩子，即使朋友以試膽量為理由，慫恿他一起去偷東西，他也總是拒絕。朋友理解他的家庭背景，還會對他說「因為你家管得很嚴吧」，並不強迫他偷竊。

但是，那位少年總覺得只有自己受到特別待遇，有種被拋下、被疏遠的感覺，於是最後還是跟著朋友一起下手行竊了。

他說雖然深知絕對不能做這種事，內心也曾有過強烈的糾結，但是

「參與偷竊就能成為真正的一分子，大家會認同自己是夥伴」的想法湧上心頭。於是儘管深知不能偷竊，自己也不想偷，卻還是這麼做了——他就是如此迫切地想要讓身旁朋友認同自己。

「霸凌事件」裡也能經常看到類似的心態。

有時候大家會覺得不可思議——明明平時規矩懂事，是絕對不會惹是生非類型的孩子，為什麼會參與霸凌呢？在這類案例當中，雖然日常生活過度壓抑形成壓力也是原因之一，但是也有不少的情況是起於想要獲得夥伴認同的想法，結果最後變成了霸凌的動機。

先前提到的那位偷竊的少年，也是希望隸屬團體的成員能認同自己是夥伴，於是在如此動機驅使下，明知不能做還是順手牽羊。換句話說，這是受到隸屬需求和認同渴望驅使所犯下的罪行。就像這樣，很多時候人往往是在摻雜著隸屬需求與認同渴望的驅使之下而採取行動的。

想要有朋友；想要加入朋友的行列；想要成為團體的一分子，因此也希望大家認同自己是志同道合的夥伴；想要獲得好評；由於以上強烈的渴望，不由得在意他人對自己的看法——這可說是每個人都有的心理吧！

正在閱讀本書的你一定也是如此，不是嗎？

一個強烈渴望受人喜愛的時代

不只是小孩會受到認同渴望的驅使，成年人也很在意他人的眼光。以他人想法為基準，決定自己態度和行為的情況也越來越多。

從前，有很多成年人是那種不管別人說什麼，只要自認正確的事就會貫徹到底的類型。然而，現代社會的價值觀變得多元化，可說是一個失去正確做法和生活原則的時代。

因為看不到正確的行為基準，每個人都感到不安，不知道該怎麼做才好。於是乎，我們將他人的看法、對方的回應當成基準，判斷自己應該怎麼做，並且以此評估自己的想法和行為是否妥當。如果他人表現出肯定的言語和態度，就覺得自己的做法很好，並且擁有自信心。

如此一來，判斷自己言行是否妥當的基準，就不是出於自己心中的絕對標準，而是他人的認同與否了。

比方說，小孩說要去朋友家玩，而且要在朋友家過夜。家長想著一來或許會給對方家長添麻煩，二來自己也覺得不能讓孩子在國中時期就養成外宿的習慣，於是告訴孩子：「你還是國中生，而且這樣會造成對方父母的麻煩，所以不行。」沒想到孩子回答：「可是朋友的媽媽說可以耶，還要我跟媽媽問好。」當孩子這樣回答時，有些家長會因為顧慮到孩子的情緒而讓步，無法直截了當地回絕孩子：「雖然很感謝他們，但我們家的方針是在國中時期不允許外宿，所以要去他家玩沒問題，不過晚上九點一定要回家。」輸給不想被孩子討厭的想法，這樣的家長似乎有增多的趨勢。

在職場，這種趨勢也非常明顯。由於上司握有評價部屬的權力，所以部屬對上司有所顧慮是理所當然的事。但是，近年來上司也會因為顧慮部屬的感受，而有無法暢所欲言的感覺。

對於尚未熟練工作方法的部屬，指出他的不足之處，針對應該改進的地方提出建議，這些都是上司的職責所在。未經磨練的部屬無法成為公司的戰力。然而，無法磨練部屬的上司卻越來越多。

上司提醒工作上的失誤，部屬卻露出不爽的表情；對於上司的建議，部屬的反應就像自己遭到否定一樣，不僅變得情緒化，還用歪理反駁上司——在讚美中成長的年輕世代，沒有能力承受不被認同的殘酷挫折，所以這種情況也不算稀奇。

另外也有很多情況是，即使當場沒有公然反駁，也告訴上司「我知道了」，背地裡卻說著「上司那種說法，真的氣死人了」之類的抱怨，被上司得知之後，失去了提出忠告的意願。

即使自己一時被部屬討厭，但是，上司的責任就是磨練部屬，讓他能夠獨當一面，成為公司的戰力，久而久之部屬應該也能夠理解。身為主管的人明明只要能這樣想即可，很多人卻還是在應該提出意見之際猶豫不決。說穿了，就是不想被部屬討厭。

綜上所述，在認同渴望當中，不只是希望獲得正面評價的心理，同時也包含希望避免批評或拒絕等負面評價的心理——這與不想被討厭的心理有關連。

這種心理的蔓延擴散，可以用精神分析學者佛洛姆（Erich Fromm）的「市場型導向」（the Marketing Orientation）想法加以說明。

正如商品在市場流通時，其價值是依據交換價值所決定的一樣，所謂的市場型導向，是指「由受歡迎程度來決定自身價值」的心理傾向。

佛洛姆亦指出，市場經濟的原理甚至涉及到個人的價值。隨著市場經濟的發展，物品的價值不再取決於它能發揮多少作用的「使用價值」，而是取決於物品能夠賣多少錢的「交換價值」。

交換價值就是由他人想要的程度，即受歡迎的程度所決定。

當人們沉浸在這種市場經濟的世界中，相較於擁有何種能力、具備何種人格這類實質的個人特質；能否被他人接納、是否受人喜歡反而才是左右人類價值的主要因素。因此，就像那些靠人緣維持的職業一樣，人們開始強烈渴望自己能夠獲得他人的認同和喜歡。

市場經濟的原理越來越滲透到我們的生活中，可以說現在每個人都對佛洛姆所說的市場型導向深植於心，渴望他人喜歡自己，對於他人對自己的看法也過於敏感吧！

以美國的情況來說，父母和上司身為握有權力的人，總是光明正大地擺出高姿態。就算美國原本是一個權力者過於強勢的社會，不過在市場型導向的影響之下，強勢程度也略微趨緩，感覺多少有些鬆動。

反觀亞洲，原本社會就有過於在意「他人眼光」的傾向，而且父母和上司都不算是強勢的權力者。在市場型導向的滲透之下，無論是父母或上司，都出現這種總是觀察他人臉色行事，很難採取堅定態度的情形。最近人們的這種傾向，也和認同渴望有很大的關係。

社群惡果，失控的認同渴望

如上所述，認同渴望是人類本應獲得滿足的基本需求。然而就像是最近出現的「認同渴望怪獸」（承認欲求モンスター）一詞，我們往往將認同渴望視為一件壞事。這究竟是為什麼呢？

由於社群網路服務（Social Network Service）的蓬勃發展，過度刺激自戀心態，滿足認同渴望的方法發生了變化，對人造成很大的影響。

透過推特（Twitter）和部落格（Blog）傳遞訊息能得到很多回應；將照片放上臉書（Facebook,FB）或是Instagram（IG），也能獲得很多回應。一旦有人按「讚」、轉發推特或留言回應，就能滿足認同渴望。

社群網路的影響，將於第三章深入解說。這些可以獲得眾人注目的工具，讓我們「渴望關注」的想法越來越強烈。換言之，就是過度刺激了人們的「自戀」心態。

重要的是，**想要受人關注，這個想法本身並不是壞事**。無論職業棒球選手、日本職業足球聯賽（J聯盟）的足球選手，還是活躍於奧運的各種運動選手，應該多半都是抱持著「想要受人關注」的想法而努力。

問題在於，透過社群網站輕易就能滿足認同渴望。

想要藉由運動成就來滿足認同渴望，必須花費很長的時間，腳踏實地、堅持不懈地辛苦練習。在不管多麼努力都看不到成果的困境之中，也要不氣餒地持續鍛鍊，拚盡全力克服 難關後，才終於看到滿足認同渴望的可能性——正因運動員要做好踏上這種苦難之路的覺悟，我們在觀看運動比賽時才會覺得感動吧！

運用智慧和工作來滿足認同渴望，同樣需要持之以恆、腳踏實地努力，增強自己的實力。然而無論多麼努力，只要競爭對手能力更強大，自己的努力就難以開花結果，認同渴望也無法獲得滿足。

與上述這些滿足認同渴望的方式相比，在社群網路發佈自己的突發奇想、上傳自己喜歡的風景、動物照片或自拍照等等，藉由他人按「讚」來滿足認同渴望的方式，不得不說實在是非常簡單。

在社群網站上，不需要腳踏實地努力就能輕易滿足認同渴望；不用窮盡一身能量，只要一個小小的創意就能夠滿足認同渴望。

對我們來說，認同渴望本應該只是基本需求。如今卻被妖魔化，也是因為透過社群網站等管道，太輕易就能滿足認同渴望，使得這些「被認同渴望所左右的人們」開始變得顯眼的緣故。

第2章

因「認同渴望」飽受折磨的人們

表面和顏悅色，內心悶悶不樂

大家都會想要避免尷尬，這並不是什麼壞事。但是，一旦這個想法過於強烈，就會讓自己覺得痛苦。

有一位二十多歲的男性，從來不曾煩惱人際關係，不管和誰都能相處融洽，然而這樣的人卻告訴我，他最近對於人際關係感到有些疲憊。

在此之前，如果下班後有同事邀約，他總是能輕鬆地與同事交流，他並不討厭跟同事聚餐聊天，甚至可以說是樂在其中。但是，最近這件事卻變得很痛苦。

起初，他想或許是身體疲憊的緣故，只要週末好好休息，應該就能消除疲勞，然而，後來就算同事再怎麼邀約，不知為何他就是提不起任何興致。因為擔心拒絕同事會很尷尬，他最後終究還是會勉強自己參加，只是心裡覺得疲累，完全無法享受聊天的樂趣。

他想：說不定這就是**內心發出的悲鳴**。當他抱持著這種想法回顧自己的行為，便開始覺得自己的確是在勉強自己與同事交際應酬。於是乎，也思考起——自己是不是根本就不喜歡與人相處？

那位男性告訴我，每當看著淪為認同渴望的俘虜，只顧自我宣傳的同事，雖然心想：「真難看啊，我可不想變成那樣。」但卻也不禁懷疑，自己是不是也被認同渴望牽著鼻子走了。

我問他為什麼會這麼想？他向我坦承了內心的想法，表示：「雖然我不是那種自吹自擂的類型，但是，總覺得自己被其他形式的認同渴望所支配。我認為自己的優點是很好相處，但是，那不過是因為我想要回應對方的期待而已。也就是說，我是因為想要得到對方認同，才勉強自己維持良好人際關係的，不是嗎？」

一位三十多歲女性也說出了相同的想法，她對於不管任何事皆輕易許諾的自己感到厭煩。

「明明已經計畫在休假日外出了，但每當同事詢問是否可以跟我換班時，我卻會立刻回答『好喔』。話說出口之後，又自責當下為何不拒絕同事，其實只要告訴對方，我那天另有安排就能解決了——我很討厭這樣的自己。總是因為不喜歡尷尬，所以立刻擺出和顏悅色的樣子。說穿了，就是受制於『不想被討厭』的想法，無法忠於自己的內心行事，這就是被認同渴望牽著鼻子走吧！」

聽到這兩位的說法，應該會有不少人認為這並非他人之事，不是嗎？

再善解人意，終究只委屈了自己

工作壓力經常成為新聞報導的話題，但是，相較於工作本身，似乎更多人煩惱的是職場上人際關係所帶來的壓力。

雖然伺候蠻橫上司的壓力時有所聞，不過，想要成為好上司的壓力其實也不容忽視。

某位擔任管理職的四十多歲男性就表示，由於年輕時的上司很蠻橫，讓自己吃了不少苦頭，基於不想讓部屬也經歷這種慘痛經驗，他一直希望自己能夠成為一個理解部屬的好上司。但是，最近這個想法卻成為了沉重的負擔。

以前的部屬會虛心地聽從上司的指示和建議，但是，現在的年輕人很有主見。提醒他們該如何工作，就會露出不爽的表情，導致工作氣氛變得很糟糕。當他說明必須改善的原因時，部屬甚至用挑釁的口吻回嗆他：「你現在是在說教嗎！」不管任何建議皆充耳不聞。據說部屬也曾對他說過：「可以別用那種高高在上的態度嗎？」

無論被認為是說教也好，還是自以為是也罷，上司就是必須教導部屬職務上的必備知識技能；當工作進展不順利時，也必須提出忠告。由熟悉工作的資深老手教導還不熟練的菜鳥，這是天經地義的事吧！

雖然心知肚明，但他卻因不想被部屬認為是嚴厲或霸道的上司，所以在提醒或提出建議時猶豫不決。然而，這使他不但沒能將部屬培育成為公司戰力，更自認未盡到上司職責——他甚至有時候會想要豁出去，乾脆不管他們算了。

因為抱持著想讓部屬覺得自己是個好上司的心情，導致無法充分發揮上司應有的作用，結果又成為另一個壓力來源。我們不得不說，這種情況也是被認同渴望牽著鼻子走吧！

儘管在外面有工作壓力，但只要回到家裡就可以放鬆，展現真實的自己——若是能夠這樣過日子也還不錯，偏偏很多人就算在家也還是得壓抑自己，不得不忍耐——就樣的日子，就會讓人感覺撐不下去。放眼現今社會，就算在家裡也得壓抑自己、苦不堪言的人並不少見。

某位三十多歲的男性告訴我，即使工作已經很累了，回到家之後，還是必須壓抑自己，這種生活真的非常痛苦。

他希望妻子去工作，夫妻兩人都有穩定的收入，將來可以過著經濟寬裕的生活，不過，妻子卻說反正自己賺不了多少錢，而且成為全職家庭主婦是她的夢想，所以他始終無法強硬地跟妻子說希望她去工作。

就算薪水不多，只要工作就能獲得相應的收入，老實說他還是希望妻子能去工作。但他們曾經因為討論這件事而發生爭執，他很討厭那種尷尬的感覺，最後只能接受妻子成為全職家庭主婦。

明明自己在外面如此努力打拚，妻子卻沒有體諒他的辛苦，這使得他對於在家裡過得隨心所欲的妻子感到煩躁。儘管如此，他還是想要成為善解人意的丈夫，因此沒有對妻子說什麼強硬的話。

他認為如果對方是體貼或有反省能力的妻子，應該會願意稍微妥協讓步，但是，完全沒有這種跡象。

隨著時間累積，他越來越想離開這種既不體貼又任性的妻子，但又想說既然如此，在離開之前應該至少試著說出真心話，結果就陷入了進退兩難的情況。

因為想要成為善解人意的丈夫，只好一直壓抑自己，卻讓夫妻之間的想法陷入分歧的狀態——這種情況也是因為認同渴望作祟，導致無法說出真心話。

為目標拚老命，把自己逼到極限

對工作富有熱情的人常見的模式，就是把自己逼到極限邊緣，進而追求成長。

某位四十多歲男性就經常誇下海口，把自己逼到極限，因而承受著巨大的壓力。他從年輕的時候開始，就是這樣一直逼迫自己成長並對此感到自豪，但是，最近他開始意識到這種自豪所衍生的問題。

他喜歡「言出必行」這句話。只要他告訴大家「我要做這件事」，或者公開表明自己的目標，便認為無論如何都必須努力去實現。如果遇到困難，人難免會產生怠惰心理，忍不住想偷懶，心想：「這種程度應該就可以了吧？」不過，一旦公開說出目標，就能堵住退路，逼迫自己盡力而為。就算公開說出的目標有點勉強，但由於開口後就會拚盡全力，不可能的事也會變成可能。

由於他一直利用這種方法逼迫自己成長，所以說大話把自己推到極限，已成為一種習慣。多虧如此才有現在的自己，所以絕不會改變自己的態度——以往即使有感到棘手的事情，他也是這樣告訴自己，一路努力到現在的。

然而，前陣子發生了一件事，讓他大受打擊。那天他碰巧提早下班，回到家後卻覺得老婆和小孩似乎並不歡迎他。由於那個時間，他通常不在家，或許老婆和小孩會有這種反應，也很理所當然，不過，那卻是他第一次意識到，家裡已經沒有自己的容身之處。

雖然他曾經聽說過，丈夫過於專注工作，以至於在家裡沒有容身之處，退休後，被家人當成大型垃圾對待的事情，但當時的他認為事不關己。然而現在，他覺得如果依照現況發展下去，自己將來肯定也會被家人當成大型垃圾。

據說當他意識到這件事的時候，眼中所看到的工作景象就完全改變了。原本覺得充實的工作，現在突然讓人感到很空虛。「這麼多年來，犧牲家庭生活、如此賣力地工作，究竟是為了什麼？」無論他怎麼自問自答，都找不到滿意的答案。

就結果來看，他因為希望別人認同自己是「有能力的人」，一直抱持著前述那種自以為是的想法度日，長期以來忽視自己的個人生活。這簡直就像是工業機器人般的人生，不是嗎？於是他告訴自己必須活得更像人一點。雖然這麼想，但事到如今，他也不認為家庭關係能夠如此輕易改變，為此感到不知所措。

自己被認同渴望牽著鼻子走，在家中沒有容身之處，他能夠意識到這些事，固然很好，不過，想要重新建立今後的生活又談何容易？

太渴望關注，不自覺被牽著鼻子走

會被認同渴望牽著鼻子走的情況，並不僅限於中壯年世代。完全浸淫在社群網路文化之中的年輕世代，更是容易被社群網路相關的認同渴望所影響。

工讀生在網路發佈惡作劇照片或影片，結果引起網友集體撻伐，造成店家和企業許多麻煩……近來此類行為接連不斷發生，在日本甚至出現「打工型恐怖分子」（バイトテロ）這種新詞。這些行為都可視為是認同渴望驅使之下的產物。

打工時，用餐飲店的商品或餐具擺成不像話的動作或姿勢，自拍上傳網路，被網友認為不衛生而引起諸多爭議；工讀生進入放置食品的冰箱裡，或躺在冷凍櫃的冰淇淋上，請朋友拍照後上傳網路，結果因為衛生疑慮而引起網友集體撻伐……這類的事件層出不窮。

發生過這些事的餐飲店，很多顧客不願再上門光顧，甚至可能導致店家陷入經營危機。惡作劇行為曝光後，工讀生不僅會被公司解雇，有時還會被要求承擔賠償責任。若以受害店家的角度來看，這些後果都是可想而知的吧！

會發生這類事件的還不只商店，也有——遊客擅自闖入禁止進入的鐵軌，在軌道上擺拍留念上傳網路，因為太不像話而引起輿論撻伐；在遊樂園內做出危險動作，不但自拍還上傳網路，因違規行為慘遭網友抨擊；甚至有人拍攝自己的行竊過程並在網路上公開，被網友質疑是犯罪行為而遭網路公審。

有的時候，貼文者還會因為這些上傳的照片和影片被論及罪責。

明知道上傳網路，就會暴露身分，甚至被追究責任，為什麼還要發佈那種貼文呢？他們無非就是**因為認同渴望，而喪失了冷靜的判斷力。**

問起那些做出失控行為的貼文者，為何要做那種蠢事，他們所說的原因不外乎：「想要與眾不同」、「想被關注」、「想要取悅大眾」、「希望他人認為自己很厲害」、「想成為英雄」等等。

在網路貼文，會有暴露自己身分的風險；但是若隱藏自己身分，又無法滿足認同渴望。於是這些人寧冒暴露身分的危險，也要發佈貼文。就是如此強烈的認同渴望，驅使他們做出了這些蠢事。

看到這類網路論戰的案例，在對於他們的愚蠢程度感到驚訝的同時，有些人意識到，其實自己也不例外——我們不僅會對朋友的貼文內容產生與之較勁的心態，自己也會發佈一些自滿自誇的貼文。在這些行為中，我們便能感受到認同渴望的驚人威力。

明示暗示的「炫耀」，暴露著內心空虛

遇到同時期進公司的同事時，有些人會發牢騷說：「最近真的忙死了，工作都得帶回家做，甚至連睡覺的時間都沒有，真的很傷腦筋耶！」暗示別人自己做了多少工作。

每當聽到這種對白，聽者雖然很想說「大家都很忙啊」、「工作做不完，是你自己沒效率的關係吧」，但還是得拚命忍住想回嗆他的心情。這種為了讓人覺得自己「好棒棒」而吐露的暗示，結果都只是讓人傻眼和生厭而已。

人們會忍不住想要暗示的情況，並不僅限於職場。

有些人會透過社群網路上的照片，有意無意地暗示自己有男朋友或女

朋友。他們會發佈暗示約會的貼文，上傳似乎是高級餐廳桌子的照片，或是很有情調的貴賓室沙發照片。

為了不經意地讓人感覺到約會對象的存在，有時候會在桌子的角落出現男用手帕、錢包或手錶等。這就是所謂的暗示型照片。在這種附照片的貼文當中，會明顯流露出想要炫耀自己有正在交往對象的氛圍。

有些人還彷彿是為了炫耀自己很受異性歡迎似的，會在不同日期拍攝不同手錶，營造出好像同時與好幾位異性交往的感覺。

但是，這樣的暗示通常達不到當事人預期的效果。真的感到幸福的人，沒必要如此拚命地暗示他人。通常反而會低調一點，以免遭人嫉妒。因此，對於這種貼文，大家的反應往往不是「該不會在演獨角戲吧？」就是「真是太拚命了，讓人不忍卒睹」等等。

儘管如此，依舊拚命地使用這種方式暗示，只會讓人更加認為，他只是想要滿足被認同的渴望罷了。

有時候，有些人覺得自己的照片拍得出乎意料地好看，也會忍不住發文展示，只不過這樣的嘗試大多不如人願。

舉例來說，如果發文者是一位長相漂亮的女性，往往會招來酸言酸語：「喂！喂！快來看看她這個表情，還以為自己是女明星喔！」「不就是長得好看一點，這樣就得意忘形了，嘖嘖！」「自戀心態完全展露無遺，真是丟人現眼。」這行為不僅容易遭到排斥，還會被貶得一文不值。

另一方面，如果是長相不那麼漂亮的女性，甚至可能會遭到網友暢所欲言地揶揄調侃：「她是不是誤會什麼了，就這張臉還裝模作樣呢，真是笑死人了！」「自拍一百張，最差強人意的就這張了（笑）」「這張照片是奇蹟的瞬間吧！」遭受諸如此類的嘲笑。

因為在自拍照貼文當中，會流露出強烈的自戀和認同渴望，所以很容易遭受攻擊性反應。這種事情只要冷靜思考應該就能明白，但人們卻往往被認同渴望麻痺了判斷力。

就連對朋友，也說不出真心話

我經常聽到這樣的心聲——希望自己有能夠說真心話的朋友，因為沒有這樣的朋友，感到很寂寞。在網際網路如此普及的現代社會，我們利用網路就能輕易地與他人連繫；但另一方面，苦惱如何與他人保持距離的人也變得越來越多。

在進行心理諮商的時候，很多人是帶著人際關係的煩惱而來的。其中最典型的煩惱，就是很難與他人親近。

有位前來諮詢的人說，雖然他很想親近身旁的人，但是沒有自信，於是總在不知不覺中變得消極被動。

當我請他具體說明理由時，對於變得消極被動的自己，他是這麼敘述的：「我既不擅言詞，又覺得與別人談論跟自己有關的話題很無聊，所以無法主動與人攀談。」

就算因為某個契機與他人親切交談，即使和朋友相處，由於會擔心對方是不是覺得有趣，會不會無聊等等，自己也無法發自內心地樂在其中。他說：「當大家聊得很開心時，反而會越來越不安。心想朋友跟自己這種人待在一起肯定很沒趣，說不定很快就會感到厭煩。因為害怕這樣，我就主動與對方保持距離了。」

他說因為這些想法，自己很難結交到好朋友。

即便擁有要好的朋友，因為無法說出真心話，而覺得美中不足的人也不在少數。常見的模式有**「無法說討厭」**或是**「勉強自己配合」**。

明明是朋友，為何覺得討厭卻說不出口？為何要勉強自己配合？為何無法說出真心話？

這是因為太在意對方對自己的看法，想要對方認為自己是良朋益友。

當這種想法過於強烈，就變得無法說出真心話。

我以大學生為對象進行了人際關係的意識調查，在三百一十名大學生當中，有七九％的受訪者自認「非常在意他人如何看待自己」；有七二％的受訪者「強烈不希望他人討厭自己」；有超過七〇％的人非常不想被他人討厭；有八〇％左右的人非常在意他人對自己的看法。

然後，認為「因為被他人討厭而感到不安」的人占六〇％；「因為在意他人對自己的看法，常常無法說出想說的話」的人占五二％；自認「有時會扮演好人」的人占六〇％。

實際上，有超過半數的受訪者，會因擔心被他人討厭而感到不安，因此非但無法說出想說的話，還會扮演好人。如此一來，很難與他人坦誠相待也是在所難免的事吧！

調查中，自認「強烈渴望獲得他人認同」的受訪者高達七〇％，只有一三％的受訪者「不在意他人的評價」。

由此可以得出的結論是——人之所以很難與他人真心相處，是因為過於強烈的認同渴望所致。同時，容易在人際關係變得消極被動，也是認同渴望過於強烈所致。

「好相處」背後，滿滿都是自我厭惡

友誼本來應該是心靈上的支持和療癒力量，但是，無法坦誠相對的友誼，反而會變成壓力。

雖然覺得友誼會造成壓力，實在很奇怪，但是卻又無法停止這種朋友關係——也有不少人為此感到煩惱。

無法拒絕朋友邀約，很好相處的爛好人，似乎也可說是認同渴望的俘虜。雖然他們認為自己的優點就是好相處，但那其實是因為害怕別人討厭自己，而非樂於與人交往，更不是相信對方——有些人還會因為意識到這一點而大受打擊。

有人分享說，就算是覺得今天上班很累，想要早點回家休息的時候，只要有同事邀約：「下班後要不要一起去吃飯？」便會因為無法拒絕，而順從對方的邀約。明明很想回家休息，卻勉強自己配合對方。他說：「邊用餐邊談笑當然是很愉快、很解悶，但當自己與同事分開後，獨自一人時，會突然覺得非常疲累，經常因此感到後悔，認為應該一開始就拒絕對方才對。」

然後，他才意識到，在好相處的背後，存在「如果拒絕對方，會害他掃興」、「可能以後不再約我」之類的想法。自此之後，他開始認為這種好相處根本談不上是優點。

另外，也有人意識到，當他跟朋友討論要去哪裡的時候，自己總是配合對方，去對方想去的地方，並為此感到愕然。

就拿看電影來舉例吧，明明自己也有想看的電影，可是當朋友說想看別部電影，他終究還是會陪著對方去看自己完全沒興趣的電影，而且這種窘況還不只一、兩次。如果上次看的是朋友想看的電影，這次堅持看自己想看的電影應該也無妨，但是他卻做不到。他說：「對方應該有想看的電影，如果強迫對方陪同自己，可能會害他不高興；對方可能對這種電影沒興趣……在種種想法之下，我很難說出自己也有想看的電影，結果就變成總是配合對方了」。

以他的狀況，即使本來打算在咖啡館裡悠閒度過一天，當朋友來邀約打保齡球時，自己也會順從地接受；就算對方接著又說要去唱ＫＴＶ，也會應聲：「好喔，我們去唱ＫＴＶ吧！」結果最後在ＫＴＶ高歌歡唱，度過跟自己原本期望的完全不同的一天。他說，有時候也很討厭只會遷就朋友的自己。這也是一種因為強烈的認同渴望，讓人無法坦承說出內心想法的情況。

怕被討厭怕尷尬，所以沒靈魂地附和他人

政治人物或官員的醜聞層出不窮，在這些醜聞事件中，也能看到正在猖狂肆虐的認同渴望。當握有權力的人命令自己做某件事，受命者雖然心想「這樣做很不妥」，卻還是回答「我知道了」並且付諸實行。結果事情搞砸後，上司便推卸責任地說自己不知道，明明是上司的指示，到頭來卻被說成是你一意孤行。

這樣的情況隨處可見，其中既包含了希望藉由聽從指示，讓上司認為自己值得信賴的想法；同時也有對不聽從指示也許會被開除的恐懼。

在日常生活的人際關係當中，雖然不至於會有隨時被開除的恐懼，但是，我想應該不管是誰都曾有這種想法——不想被朋友孤立，或被認為是

無法溝通、不合群的傢伙。

某位二十多歲的女性朋友告訴我，當她和朋友聊天時，即使覺得對方說得不對，她也無法告訴對方：「應該不是這樣吧？」她說，有時候很討厭只會點頭附和的自己。但因為不想在當下否定對方，讓氣氛變得尷尬，所以很難說出想說的話。

而且她不僅是猶豫要不要反駁，有時候甚至還脫口說出「是啊」這種附和對方的言論，事後都會感到自我厭惡。

也有人在打工的時候，對於同事敷衍不負責任的行為很生氣，而對於只會附和他人的自己更感到很厭煩。

「那個人動不動就偷懶。我想認真工作，那個人卻說：『反正我們是打工仔，時薪很低，隨便做做就好啦！』我非但沒反駁他，還說了『對啊』之類的話附和對方，然後一起敷衍了事。我討厭這樣的自己……。」

由於擔心自己反駁或規勸對方，氣氛會變得尷尬；或害怕自己被當成跟他合不來的傢伙而被拋棄，於是無意中就附和對方了。

有些人則是聽到朋友在說其他朋友壞話時，雖然內心認為：「沒這回事啦，那個人還不錯啊！」但是卻說不出口，而且邊聽著壞話邊點頭，在內心覺得這樣的自己很沒出息。

如果笨拙地幫人辯護，會不會被認為是「囉嗦的傢伙」？改天他會不會也講自己的壞話？我們總會因為各種擔憂而附和對方。

就像這樣，儘管內心不認同卻無法反駁，無奈之下只好贊同對方或附和對方，這些都是「希望對方接受自己」的認同渴望所導致的吧！

相信應該有很多人也曾發生過類似情況。

忙著回應期待，忘了問自己想要什麼

綜上所述，一旦被認同渴望制約，過著扼殺真實想法的生活，將會承受相當沉重的壓力。

就曾有人感嘆自己只會在意他人的想法，不知道自己這一生到底為誰而活。

他從小就很在意父母的看法，只會說一些符合父母期待的話，是典型的好孩子。如果父母送他的禮物並不是自己所期望的，就算內心很失望，也會露出高興的表情告訴爸媽說：「謝謝您，這就是我想要的禮物！」

有一次，在預定去動物園的那一天，爸媽的朋友突然打電話說要來家裡玩，當下他其實是希望父母拒絕對方的，儘管如此，卻還是告訴爸媽：

「反正動物園隨時都能去，叔叔阿姨很難得才來家裡玩。」他總說出這些好學生才會說的話。

也許被稱讚是好孩子，會讓自己的心情很好，不過一旦養成這種習性，就會在不知不覺中，連面對朋友都習慣性地克制自己的想法，做出符合對方期待的行為。

最近，他對於這樣的自己感到疲憊了，開始思考是不是沒必要把自己壓抑到那種程度。他想更重視自己的所思所想，覺得否則就不像是自己的人生了，因此正在煩惱今後應該要怎麼做。

既不能過於做自己變成自私任性的模樣；也不想完全不顧及對方的想法——他正因為不知該如何拿捏這兩者之間的分寸，而感到無所適從。

為符合「人物設定」，再苦都逼自己笑

我們會根據對象的不同，自然地調整自己呈現出的模樣。

在父母面前和在朋友面前的自己有不同的樣貌，這是很正常的事情。而同樣是朋友，在職場同事面前和在學生時期摯友面前的自己，當然也會有所不同。

我們會根據對象是誰，決定展現何種面貌的自己。有些人能引導出認真穩重的自己；有些人能引導出說笑嬉鬧的自己；有些人能引導出愛撒嬌的自己；有些人能引導出冷靜可靠的自己。

就像這個樣子，我們幾乎是自動自發地切換成適合與對方相處的自身模樣。

換句話說，就是啟動適合對方或群體的人設*。

一旦決定好在某個團體裡的人設，我們行動就會非常輕鬆，不必為了該如何展現自己而每每猶豫不決。只要依循人設塑造的形象採取行動，朋友便會接受「這就是你的風格」。

假使你的人設是天真自然派，就算沒有認真聽他人說話、隨口說出任性的評論，對方也會一笑置之地說：「反正你就是『天真自然』嘛！」如果是毒舌派的人設，即便說出難聽的話來發洩壓力，朋友也會認為「你就是這種個性」而原諒你。若是高冷派的人設，即使每次都擺出冷酷清高的態度，大家也能接受，所以不會被人說是裝模作樣、令人作嘔。

雖然人設是如此方便好用，但它的約束力也出乎意外地強大。因為在人設之中也包含對方或周遭人的期待，無論何時你都必須回應這份期待。

*譯註：「人物設定」的簡稱，也可稱為角色設定，此指在公眾面前展現的形象。

「因為那傢伙個性如此，應該會有這種反應。」由於不能背叛這種期待，我們常常必須意識到自己的人設，做出符合該人設的行為。

我們絕非僅有單一面貌，而是擁有多種面貌的人類。總是認真穩重的人，也會有想要跳脫常軌、想要玩笑嬉鬧的衝動。但是，如果突然那樣做會讓人覺得：「那傢伙吃錯藥喔？怪怪的。」為了保持自己的人設，許多人只好壓抑內心的衝動。

即使是那些總是扮演小丑，逗笑取樂的人，也會有心情沉重，或因為受打擊而情緒低落的時候。然而，為避免大家看到他心情沉重的樣子後，會說：「你怎麼了？這很不像你喔！」所以他們不能讓別人看到自己情緒低落的模樣，只能壓抑自己的負面情緒，一如往常地用輕鬆的語調讓大家開懷大笑。

此外，我也聽過這樣的心聲：「雖然和朋友相處很開心，但是，有時候反而覺得更加疲累。我想大概是因為自己在無意識當中，極力扮演著自己的人設吧！偶爾也會想，若能更坦率地展現自己就好了」。

一旦依賴「人設」這項方便的工具，你就必須抑制任何與人設性格背道而馳的想法。否則便會被他人認為「這不是你的個性」，既無法獲得認同，也會因此感到苦悶。

想當體貼「好人」，卻像自找碴？

到頭來，**只要被認同渴望牽著鼻子走，你就只能活在對方的期待裡。**

不管目的地是哪裡，你都會將自己的想法束之高閣，只顧慮對方想去什麼地方；跟大家相聚的時候也是如此，比起自己想做的事情，你會更在意大家想做什麼。

想要回應對方的期待，絕對不是壞事。跟那些不顧一切堅持自己想去的地方和想做的事，固執己見的人相比，願意在乎他人感受的人可說是很體貼的。這使他人能愉快地與你互動，對別人來說，你是一個相處起來很舒服的人吧！

不過，就當事人而言，因為總是強迫自己迎合對方，內心裡會感到巨大的壓力。

知道對方想要和自己相處久一點，即使工作已經忙得不可開交，內心焦躁且只想早點回家，也會陪他去吃飯，甚至吃飽還陪他去喝酒。

即使認為對方的言論錯誤百出，也會擔心若是指出對方錯誤，不僅影響對方的心情，自己也會覺得尷尬；或已經明知對方會誤以為自己也是心有戚戚焉，還是邊點頭邊聽對方抱怨——總覺得這樣自己就像討厭的壞人一樣。

雖然覺得總是說別人壞話的同事真的很煩人，卻在不經意當中，邊聽邊點頭，甚至還說出「是啊」、「那也太過分了吧」等等附和對方的言論，很討厭這樣的自己。

這些不自覺扮演起「爛好人」來回應對方期待心情的人，往往都會逐漸陷入焦躁不安、自我嫌惡的狀況，且累積了巨大的壓力。

別人跌落神壇，我們又在爽什麼？

認同渴望沒有得到滿足，有時會讓人對於名人或有權有勢的人產生攻擊情緒。

例如，藝人的婚外情題材總是瞬間就成為熱門話題，刊登相關報導的週刊雜誌也都十分暢銷。爆出婚外情的藝人即使舉行記者會公開道歉，各種批評的聲浪，諸如「欠缺反省、沒有向出軌對象的配偶道歉」等等言論，依舊在網路上引起軒然大波。

婚外情固然不對。然而就算藝人是公眾人物，說穿了，這些也都只是他們的私事。而且，不管當事人、婚外情對象還是配偶，都是和觀眾、網友們毫無關係的人。這並不是周遭親友的婚外情，而是一個完全陌生，離自己的世界很遙遠的人的出軌事件——更何況大部分人應該都不了解，他們實際的婚姻生活是什麼情況。

既然談論的對象是和自己如此無關的人，為什麼大家還會這麼生氣呢？這與其說是出於倫理道德觀點，不如說是感受到了攻擊性的情緒。在我們社會上總瀰漫著一種「把名人拉下神壇」的執念。

東京奧運會會徽的抄襲風波中，也出現類似的情況。

當時比利時列日劇院的商標設計師致函日本奧委會，針對佐野研二郎所設計的東京奧運會徽，提出「奧運會徽和比利時列日劇院的商標雷同，涉嫌剽竊」的訴求，並且要求停止使用該會徽。

由於該項指控引發剽竊嫌疑，佐野先生遂撤回該作品，同時停止使用他為東京奧運所設計的官方會徽。於此同時，網路上出現一股熱潮，網友們紛紛翻出佐野先生過往的所有作品，卯起來尋找涉嫌抄襲的痕跡。「這個設計和那個很像，這是抄襲！」類似主旨的留言層出不窮，有關抄襲的質疑，每天都有數千條推特，最多的時候甚至單日就超過一萬條。

不能剽竊是理所當然的事。但是，對於一個跟自己毫不相關的人，大家為何會如此義憤填膺呢？使人們如此對著電腦瘋狂搜尋的精力到底從何而來呢？我甚至認為，說不定他們這麼做時，遠比平常工作時候更加專注、更有熱情，甚至覺得更開心。

從這些行為顯現出來的心理是——獲得將活躍於社會的知名人士拉下神壇的快感，藉此發洩平日累積的怨氣。

周刊雜誌上，也經常可看到政客和官員的醜聞報導。但是，在政客和官員當中，存在許多貪圖權力的人是常見的事。就算有些人為了權力不擇手段，或是一旦手握權力就濫用職權，其實也無須對此感到特別驚訝。

儘管如此，還是有不少人深受脫序的想法所驅使。這當中隱約可見的心理是——藉由攻擊手握權勢的人，能多少減輕**因為認同渴望得不到滿足所產生的挫折感**。當然有些人感到義憤填膺是出於正義感，但是，應該有更多人的出發點，並不是完全基於正義吧！

人們攻擊的對象不僅限於名人，也適用於周遭的成功人士。像是工作能力強的人、出人頭地的人、受異性歡迎的人等等，即使這些人能獲得來自旁人的羨慕眼光，但也是有人會在背地裡說些尖酸刻薄的壞話，有時候甚至做出毫無根據的造謠中傷，說些「那傢伙真的手段很好」、「我可不想像他那樣，為了出人頭地，寧願拍馬屁討好別人」、「外表是不錯啦，就是性格有點……」諸如此類的酸言酸語。

當人的認同渴望得不到滿足，就容易產生想要摧毀成功人士的心理。

正因為能理解這種心態，所以那些工作能力越好的人，往往會越謙虛，平時就經常把自己的失敗經驗掛在嘴邊。事情進展順利的時候，也絕對不會驕傲自滿，而是告訴他人「總覺得還挺順利的、似乎運氣不錯」、「只是碰巧而已」等等，表現出謙遜的態度。

第3章

社群網路助長了「認同渴望」

在「自己眼中」和「他人眼中」掙扎

所謂的認同渴望，就是指「希望得到認同」的需求。

在這個時候，你所意識到的會是「他人眼中的自己」，也就是其他人對你的看法。

人類會在進入青春期之後，開始強烈地意識到「他人眼中的自己」。被認同渴望苦苦折磨的情況，通常也是從青春期開始。這種現象也被稱為**青春期的自我覺醒**，雖然是指自我意識的提高，但同時也意味著「自己眼中的自己」開始強烈地意識到「他人眼中的自己」了。

心理學家威廉・詹姆斯（William James）活躍於心理學的草創時期，他的著作在後世成為經典的心理學教科書，當中就針對「自我的二元論」

做了解說。

所謂的自我，既是認知者，同時也是被認知者；既為主體，同時也是客體，這就是「自我的二元論」。詹姆斯將自我分為「認知者的自我，主體我（Self-as-Knower）」和「被認知的自我，客體我（Self-as-Known）」這兩個層面。

我們應該都聽過「意識到自己、審視自己」之類的說法，然而，能夠意識到自己的前提是——同時存在「自己意識到的自己」和「被他人意識的自己」。

同理，唯有同時存在「自我審視的自己」和「被他人審視的自己」，我們才能夠真正審視自己。

進入青春期後，由於自我被分裂成「作為認知者的自我＝自己眼中的自己」和「被認知的自我＝他人眼中的自己」，在自我意識的提升下，開始變得非常在意「他人眼中的自己」。

因此，我們不再像幼兒時期那般無憂無慮，而總是在意著別人的眼光，言行舉止也不再像從前那般天真無邪，在他人面前時甚至還會變得笨拙、不自然。

透過「他人目光」建立的「自我形象」

在意「他人眼光」並不是什麼奇怪的事情。無論是誰都會在意「他人眼光」——對方眼中的自己是什麼形象？周遭人眼中的自己是什麼形象？這些可說是每個人都很關心的事情。

那個人是如何看待自己的呢？

如果是從善意的角度看待自己，那樣當然很好。但就算對方是和自己有往來的朋友，有時也難免會出現這種想法：「他會不會覺得我是難以接近的人，或是很無趣的傢伙呢？」

對於自己的工作表現，他人到底給予怎樣的評價呢？

如果他人能覺得自己有才能，或是工作努力，那樣當然很好。但是我們偶爾也會擔心職場上司或客戶的想法：「我能不能獲得肯定的評價呢？對方會不會認為我敷衍了事、得意忘形？或者認為我是不擅長處理工作的傢伙？」

為什麼我們會如此在意「他人的眼光」呢？

原因不外乎是——**我們從他人的眼中看到自己**。

人類是想要了解自己的生物。例如：人品性格是不是受人喜歡？是不是被視為有才能的人？有沒有給他人留下良好印象？我們會想方設法地想知道這些跟自己有關的資訊。幾乎每個人都有這種想法，而能夠告訴我們這些訊息的就是「他人的眼光」。

所謂「他人的眼光」，簡而言之，就像是會顯現出自己模樣的「監視器」。從客觀的角度來看，自己究竟是什麼模樣？能夠回答這個問題的就是「他人的眼光」了。

社會學家查爾斯・庫利（Charles Horton Cooley）認為，自我是由社會關係所支撐，是他人眼中所看到的東西。就這個意義上來說，我們可以將其稱之為**「鏡中自我」**（Looking-glass Self）。意思就是說，我們的自我是以他人的眼睛為鏡子，從這面鏡子反射出來的事物。

如果不照鏡子，我們無法看見自己的臉；即單靠自己，並無法直接看到自己的臉。

相同的道理，若不以他人的眼光為鏡子，我們將無法了解自身人品、能力等等內在特徵。我們往往是根據他人的反應，了解他人如何評價自己的品德和能力，也是由此得知自己的態度或言論是否妥當。

庫利也認為，透過了解自己在他人眼中的形象，會產生驕傲或屈辱等情緒——這些也是每個人在日常生活中都會經歷到的事情。

如果他人對你抱持著善意和好感，你會覺得開心，也會變得更有自信；另一方面，如果得到了負面評價，你也會因而心情低落並喪失自信。不過這種情況亦可以使人得到啟發，明白自己應該改進之處。

因此，雖然自身形象在「別人眼中」得到負面評價，會讓人感到不舒服，但是，能夠了解自己需要改進之處，還是很重要的事。

我們之所以會和價值觀、性格合得來，志同道合的夥伴聚在一起，無非是因為自己從這些人的眼中反映出來的形象是正面、受到肯定的，跟他們在一起時，會覺得開心並且湧現力量。

與彼此相合、相似的同伴來往時，對方會以正面肯定的態度看待自己。換句話說——容易獲得他們的**認同**。

「過度自戀」的人越來越多了？

最近，過度自戀的人們很引人注目，而所謂的「自戀型人格疾患」（Narcissistic Personality Disorder）也備受關注。

美國精神科醫生們便曾經以前總統川普患有自戀型人格疾患為由，收集並提交連署，要求解除川普的總統職務，此事一度蔚為話題。

事實上，世人對於這類型的人物容易產生共鳴，而且支持者眾多，在一般人當中，肯定也有很多過度自戀的人。

這些人的眼中只看到自己，他們只關心自己的程度，已達到病態等級。在現代，像這樣熱愛自己的人越來越多。

我在演講或研討會中提到自戀型人格疾患時，發現有很多人為此感到困擾。因為在自己的職場裡，就有符合這種描述的人。在這當中，甚至有人覺得自己就擁有自戀型人格疾患而來向我諮詢。

每個人都有自戀的一面，因為對任何人來說，自己都是獨一無二的存在，而在極端的情況下，這種心態會演變成自戀型人格疾患。

在美國精神醫學會的《精神疾病診斷與統計手冊》（*Diagnostic and Statistical Manual of Mental Disorders*,DSM）中，自戀型人格疾患的表現是——毫無根據地自信、極端強烈地認為自己很獨特、對他人表現出自命不凡的態度、幻想自己能夠大鳴大放，且認為自己與他人是不同層次的人，自戀型人格疾患的這些想法異常強烈。

以上所述的特徵，可說是在病態的自戀心態當中較為強烈的類型。近年來，心理學會和精神醫學會已逐漸形成一個共識——在過度自戀當中，還存在著其他不同的類型。

另一種類型乍看之下自戀程度似乎並不強烈。這個類型的人，遇事缺乏自信、常被無力感折磨，因擔心得不到別人的認同而極度不安，而且面對他人時戰戰兢兢、畏首畏尾，對於別人的看法非常敏感。

單就滿腦子都是自己的事情來說，這兩種類型的人都屬於「過度自戀」，只不過兩者的呈現方式截然相反罷了。

你是「敏感型過度自戀」嗎？

精神醫學家葛林・嘉寶（Glen O. Gabbard）將自戀分為「毫不在意」（遲鈍型）和「過度敏感」兩種類型。

從其他研究者的分類來看，還有「浮誇型」與「脆弱型」、「厚臉皮型」與「薄臉皮型」、「表現型」與「隱蔽型」、「顯性自戀」與「隱性自戀」等等，幾乎都是類似的分類型態。

總而言之，所謂自戀型人格疾患（或者即使還不到疾患的程度），在自戀程度過強的類型當中，可以分為兩類——一種是過於自信，完全不顧他人的遲鈍型；另一種則是沒有自信、畏首畏尾，對別人視線過於敏感的類型。

由於在美國精神醫學會《精神疾病診斷與統計手冊》的診斷基準中，並沒有包含後面所提到的這種類型，所以很容易被人忽略，但是在亞洲社會，後者的類型反而更為常見。

心理學者小川捷之曾針對日本人與美國人的煩惱進行比較。根據他的調查，兩者在「因在意他人而煩惱」、「對自己不滿意而煩惱」、「因輸給許多人而煩惱」等方面存在著差異，其中可以看到日本人較容易有這方面的煩惱。

因為在意他人而起的煩惱，說白了其實就是「在意別人是如何看待自己的」。

若想知道自己是否因在意他人而煩惱，可以藉由下列的項目進行自我評估——

- 對於他人對自己的看法耿耿於懷。

- 擔心他人對自己的看法。
- 認為自己好像給對方帶來不愉快。
- 覺得好像讓對方感到不快，所以觀察對方的臉色。
- 與人交談時，感覺因為自己而冷場。

跟美國人相比，自認有這種感覺的日本人比較多。由此可見，日本人更容易在意他人對自己的看法，因此在病態的過度自戀方面，有很多人是屬於沒有自信、對他人視線過於敏感的類型。這完全反映出了，不同的文化在人格形成方向上產生的差異。

在「要成為有自信、堅持自我主張的人」這種文化壓力之下進行人格養成的美國，會培養出人人都能夠充滿自信，大方展現自己的態度，所以自我誇大、對他人漠不關心類型的過度自戀比較多。

另一方面，亞洲人大多是在「要克制自我主張、對人有同情心、能夠與他人互相配合」這種文化壓力之下進行人格養成的，因此瞻前顧後、對「他人眼光」神經過敏類型的過度自戀就相對明顯。

綜上所述，自戀型人格疾患和過度自戀的病理現象，都如實地反映出人們「在意他人眼光」的心理特徵。

使「他人眼中的自己」大膨脹的社群網路

隨著社群網路的出現，任何人都可以在線上發表自己的意見和想法，並且上傳照片。

舉例來說，看到新聞報導想要發表意見，可以利用推特貼文等方式，在社群網路上發表自己的觀點。在過往，只有媒體相關人員、政策決策者和專家，才能如此向不特定的多數人發表意見，而一般大眾都只能被動地接收訊息。但是，現在透過社群網路，人人都能輕鬆地發表自己的意見和想法。

只要在社群網路上發佈過一次貼文就會明白，在上傳的瞬間，心情會變得很激動；上傳過後，又會非常在意他人會有怎樣的反應。

此時，在社群網路上，「他人眼中的自己」開始膨脹了起來。

也有很多人會在部落格上記錄自己每天的所思所想，以此當成日記。原本，日記是不會讓任何人看見，作為自己的秘密保存起來的東西。然而，隨著社群網路的普及，不少人已是以「讓他人閱讀」為前提，在部落格上寫下自己每天的想法。

雖說是像寫日記一樣記錄每天想法，但既然特意放在網路上，就是預設很多人會閱讀才寫出來的內容了。如此在撰寫時，當然會在意起閱讀者的想法。

於是「他人眼中的自我」也如此在社群網路上不斷膨脹。

由於社群網路的關係，現在越來越流行自拍。上傳自己穿著名牌的照片後，若有很多人按「讚」，就能夠滿足認同渴望——由於這種愉快的感覺會讓人上癮，有些人開始勉強自己繼續購買名牌，甚至為此變得痛苦。

讓認同渴望獲得滿足，就是如此深具魅力的事情。

第二章曾提及的案例——躺在便利商店的冰淇淋冰櫃上、在餐飲店用餐具做出不符合衛生的行為，然後拍照上傳網路——其實都是只要冷靜思考一下就能立刻明白，上傳這種內容，可能會惹上麻煩，甚至可能嚴重到被指控為犯罪。儘管如此，他們還是發佈了這些照片，可見其「想讓大家發出讚嘆」的念頭就是如此強烈。這種情況也可說是被認同渴望所支配，進而失去冷靜判斷力的證據吧！

海外也曾發生過，因為太專注於自拍而從懸崖上墜落，或是開車時拍照，因為沒注意前方而發生碰撞事故，甚至死亡的案例。

「讚數焦慮」是認同渴望在作祟

意識到「他人眼中的自己」，並表現出「希望被如此看待」的自我形象（Self-Image），就稱為**自我呈現**（Self-Presentation）。每個人或多或少都會這麼做。

但是在某些情況下，這些行為可能只是表面上的假象，也就是所謂的**印象管理**（Impression Management）。

舉例來說，如果想讓喜歡的人覺得你很溫柔，那麼在他面前就會都表現得很親切，體貼入微地對待對方吧！只不過，有些人是真心以溫柔相待；有些人則只是為了討人喜歡，表面上假裝溫柔罷了——這些狀況，大家應該從日常經驗中就已有所知。

又如，若在職場上想要被評價為能幹的人，就要表現出俐落完成工作的姿態。

只不過，有些人是真正認真工作並且做出成果；有些人卻只是工於心計，把同事和部屬的努力成果當作自己的，還大肆宣傳。

同樣都是意識到「他人眼中的自己」，有的情況與努力和成長有關；有的情況則單純只是為了掩飾表面。然而不管哪一種，毫無疑問的是，肯定都是在認同渴望的驅使下所做出的行為。

特別是近年，隨著ＩＧ的出現，上傳照片蔚為風潮，如前所述，這讓「他人眼中的自己」一下子膨脹了許多。

我們很容易就可以在社群網站上，觀察到以下眾生百態——好不容易去到離家很遠的旅遊景點，不是細細地品味當地風景和氣氛，而是一邊想像讀者的反應，滿腦子只思考照片構圖的人；完成精心烹煮的菜肴後，拍下自己與菜肴的合影，發表自誇評論的人；在自家附近一看到新奇的事物或景象，就忍不住拍照上傳、發佈貼文的人；掩蓋真實的自己，虛假地演出，並將這些假象發佈在貼文上的人；因為沒人幫自己辦生日派對，覺得孤獨寂寞，於是花錢請人假扮成朋友，拍下生日派對的照片，然後發佈貼文的人……。

這些都可說是只在意觀看者反應的典型案例。隨著社群網路的蓬勃發展，你應該也可以發現自己不斷在意別人對自己的看法，這種現象確實也可說是「他人眼中的自我」出現了膨脹。

心理學研究證實，自戀傾向較強的人，為了增加追蹤者或按「讚」數量，會有自我宣傳和利用社群網路欺騙他人的傾向。認同渴望越強烈的人，越傾向使用ＩＧ和推特；而認同渴望比較不強烈的人，則傾向於不使用這些社群網路服務。

研究也證實，認同渴望越強烈的人，越是離不開手機，總是盯著手機看；而認同渴望比較不強烈的人，對手機的依賴程度較低。

此外，認同渴望較強烈的人，對於沒有人按「讚」這件事，會比較敏感，容易產生消極反應。即使有人按「讚」，但若按「讚」數量很少，他們也容易產生負面情緒。

更快的滿足，更多的空虛

誠如前述，上傳行為不端照片，引發網友齊聲撻伐，被追究責任的事件層出不窮。若要說為何會做出這些事情，大概就只因為這是一個能輕鬆獲得認同的方法吧！

想要達成某種成就而受到大眾關注，不僅需要穩扎穩打地努力，也需要具備傑出的能力。相對於此，利用令人吃驚的惡作劇，既不必努力也無須能力，照樣能受到大家關注。

比方說，參加繪畫比賽獲選、投稿小說入選、在游泳錦標賽中奪獎、在棒球或足球比賽中大放異彩……若想要用這些方式來滿足認同渴望，就必須要做好在苦難的道路上勇往直前的決心。

除了利用這些以超出常人方式所滿足的認同渴望之外，即使只是想要成為社團的正式成員、取得優於前次考試的成績、完成更多工作任務或想取得客戶信任等等，都需要有一步一腳印、努力不懈的覺悟。

相比之下，在網路上發發有趣的照片，透過引起他人的關注來滿足認同渴望，的確是一種更便捷、更輕鬆的方式。

社群網路的登場，讓我們生活在一個比過去更容易獲得認同的時代。這種便利性也讓認同渴望受到更多刺激，由於希望獲得他人的讚賞和關注，大家開始頻繁地使用社群網路服務。

此外，網路空間保有的匿名性，讓人得以用另一個身分活在網路世界裡。你不用像在現實世界一樣，被過往的成績和自己現在的狀況所束縛。從表面上來看，你可以從事任何職業，也可以擁有任何職業經歷，並透過這些假象來滿足認同渴望。

這樣做雖然可以紓解壓力，但是，當事人其實也知道自己並沒有得到真正的認同，所以只會感到內疚，絕對無法建立起真正的自信。

總之，短暫的也好、虛假的也罷，由於社群網路能夠輕易地滿足認同渴望，在這種誘惑之下，人們往往會忽視腳踏實地的努力，最後演變成與「真正滿足認同需求」漸行漸遠的狀態。

現在就是這麼一個讓人又愛又恨的時代。

社群網路過依賴，恐讓人變憂鬱

任何人都可以在社群網路上發表自己的意見，因此容易產生**自我效能**（Self-Efficacy），以為自己具有影響力。

既然發表了自己的意見，當然就會在意網友對貼文的反應。發文後如果有很多人按「讚」，就彷彿自己的意見得到贊同，進而滿足了認同渴望，沉浸在興奮感之中；相反地，若沒什麼人按「讚」，則會因為認同渴望無法獲得滿足而鬱鬱寡歡。

然而，令人在意的還不只是按「讚」數量。

如果自己的貼文下出現不分青紅皂白批評的留言，想必心情也會變得很糟糕吧！

偏偏現在有很多人在網路上四處尋找可以成為攻擊對象的獵物，對他人的貼文做出負面和偏激的回應以發洩平時怨氣。這些人充滿攻擊性，因此受到傷害的貼文者也不在少數。

有人發佈了家庭旅行的照片，內心期待會有多少人按「讚」時，竟然收到討厭的留言說：「什麼嘛，原來是在國內喔！哪值得拿出來炫耀，我還以為是國外旅行咧！」因此而感到心情沮喪。

也有人發佈了有家人照片的貼文，想要分享愉快氣氛，希望他人按「讚」。但是，看到照片的媽媽友*卻說：「宅男就是很會賺錢，真的好好喔！像我們這種家庭，不知要等到牛年馬月才能去家族旅行。真的好羨慕啊！」令發文者無言以對，不由得情緒低落。

明明自認為拍攝到有趣的照片而發佈貼文，但如果得不到預期的反

*編註：日本用語，意指因為孩子而互相熟識，母親間的友誼關係。

應，不僅無法滿足認同渴望，還會暗自受傷。有些人因為無法忍受這種悲慘的情況，所以當「讚」數很少的時候，就會馬上刪除貼文。

讓人強烈意識到「他人眼中的自己」的情況，並不僅限於貼文。傳訊息給朋友或熟人時，同樣會非常在意對方的反應。如果遲遲沒收到對方的回應，就會擔心：「那則訊息是不是害他心情不好？我是不是寫了什麼會得罪他的話？」

也有很多人一收到他人發來的訊息，就會心想：「我得盡快回覆才行。不能讓對方覺得自己不感興趣或在拒絕他。」所以即使再忙碌也會趕緊回訊。

就像這樣，在社群網路的影響之下，我們會經常意識到「他人眼中的自己」，心情也會隨著他人的反應忽喜忽憂、陰晴不定，而容易變得心煩意亂。

心理學的研究報告顯示，想藉由在ＩＧ上發佈照片等方式來獲得認同的傾向，與抑鬱傾向之間存在正向關係。換言之，**意圖透過社群網路來滿足認同需求，容易讓人有情緒不穩定、憂鬱的傾向**。現在應該明白在使用社群網路時，必須小心謹慎了吧！

維持「好評」非易事，線上爆紅的陷阱

即使自己的貼文有很多人按「讚」，也確實滿足了認同需求，但是，想維持下去也會成為很大的壓力。

在網紅當中，有些人能夠源源不絕地上傳有趣的影片博得人氣，這是因為鮮少有人能夠不斷推陳出新，所以他們引人注目。只不過，並不是任何人都能做到這一點。而且，就算是這些出類拔萃的網紅，其實也是每天絞盡腦汁，苦思著如何拍攝出有趣的作品。

好不容易發佈貼文卻沒什麼人按「讚」，會變成一種壓力，但是，就算有人按「讚」也會覺得有壓力。

有人碰巧在街上發現有趣的景象，拍照並發佈貼文，結果得到了很多

「讚」，於是他心想：「好的，以後都這麼做吧！」然後開始每天都在街上閒晃。但他卻遲遲找不到有趣的事物，開始為此感到苦惱。起初讚數還頗多的，到後來卻沒什麼人按「讚」，就連尋找拍攝主題也變成一件痛苦的事——甚至可看到這種本末倒置的情況。

也有人把看似名流貴婦的生活自拍照上傳到網路，獲得很多人按「讚」，所以接二連三地發佈貼文。實際上只是打腫臉充胖子，假扮成名流貴婦而已，因為治裝費和高級飯店的費用都很昂貴，偽裝上流的生活難以為繼。有些人還因為現實生活的朋友在他的貼文之下留言，所以趕緊刪除貼文，非常尷尬。

還有人在觀看綜藝節目後，於部落格上發表辛辣毒舌的評論，獲得很多人按「讚」共鳴，於是開始每天都心情愉悅地發貼文。殊不知最初只是瞎貓碰上死耗子，在那之後讚數越來越少，辛苦發貼文也得不到回報，最後變得厭惡起這件事。

由上述例子你應該已經能明白，社群網路雖然可以輕而易舉地滿足認同需求，但不管是要碰巧獲得好評，還是讓「他人眼中的自己」持續受到關注，都是一件相當困難的事情。

「求讚心態」與冷嘲熱諷的回覆

這是一個任何人都可以為了滿足認同需求在網路上發文的時代，但是，社群網路上的貼文內容多半瀰漫著過度自戀的氛圍。

本書第二章曾介紹過自拍照貼文遭到網友嘲笑的案例，如：

「喂！喂！快來看看她這個表情，還以為自己是女明星啊！」

「不就是長得好看一點，這樣就得意忘形了，嘖嘖！」

有些則是遭到網友揶揄的案例，如：

「她是不是誤會什麼了，就這張臉還裝模作樣呢，真是笑死人了！」

「這張照片是奇蹟的瞬間吧！」

如果是比周遭人漂亮或帥氣的人上傳自拍照，可能會遭到嫉妒和貶低；如果是外貌比大家遜色或差不多的人上傳自拍照，則會被瞧不起，或者被當成笑話看。

不管怎樣，往往得不到當事人想要的反應。

那是因為在自拍照貼文中，充斥著**強烈自戀**和**尋求他人讚賞**的感覺。

不僅僅是自拍照，像寫日記一樣在社群網站上抒發個人所思所想時，或許有些人會坦率地做出善意的回應，不過，因為貼文內容流露出強烈的自戀感，所以也必須做好收到冷淡反應的心理準備。

就算沒有刻意冷嘲熱諷，「是不是自我陶醉了？」「你這是在討拍嗎？」「為什麼要把這種事告訴別人？」「沒人對你的想法有興趣。」等等，類似這種不屑一顧的反應也不在少數。

話說回來，本來在社群網路上過度發佈個人的事情就等於在昭告天下說，自己是一個相當自戀的人。

從他人貼文內容中，感受到強烈的自戀感，會讓人心想：「我才不想露出這種醜態！」「真的就像是告訴大家，快來關注我一樣，總覺得丟人現眼。」等等。有些人一方面帶著批判和同情的情緒，另一方面卻又像是自我宣傳般地卯起來回覆貼文。

因為社群網路而淪為認同渴望俘虜的人數，顯然還在持續增加中。身處在這樣的時代，我們究竟應該如何與認同渴望和平相處呢？

第4章

「認同渴望」的真面目

你以為的「個性」，是別人告訴你的

我們對於自己的印象，就是所謂的「自我形象」，或稱「自我意象」。

假設有人對於自己的自我形象是這樣形容的：「我是一個性格開朗，積極樂觀看待事情的人，所以通常不太會累積什麼壓力。不過可能是因為把任何事情都想得很輕鬆的緣故吧，也常常粗心犯錯，有時候會被認為做事馬虎。」

為什麼他會認為自己有這樣的自我形象呢？為什麼會說出「自己很開朗」？認為自己「積極樂觀」又是基於什麼原因呢？

大概是因為從小到大，父母、學校的老師和朋友就經常對他說：「你是個開朗的小孩呢！」「你性格很開朗耶！」而較易用負面心態看待事物，容易煩惱的朋友則對他說：「你總是很積極正向，真羨慕你。」「為何你總是這麼樂觀啊？」的關係吧？

我們往往認為自我形象是與生俱來的。但如果去追本溯源就會明白，自我形象是由身旁他人對自己所抱持的印象形塑而成。

若被媽媽不斷灌輸：「你真是個神經質的孩子。」「為什麼要對這些細節斤斤計較呢？」「要更磊落大方才行。」在孩子心中便會逐漸形成「自己很神經質」、「自己的個性就是會為一些小事操心」的自我形象。

當老師對你說：「你真是個溫柔的孩子啊！」或朋友對你說：「你很溫柔呢！」你就會產生自己的個性很溫柔的自我形象。

自我形象不僅來自他人的直接評論。即使沒有用言語表達出來，藉由他人的應對態度，也能建立起人的自我形象。

比方說，朋友很輕鬆地和別的小孩打招呼，大家圍在他身旁開心地喧鬧，卻沒有人來找你說話，只有你一個人形單影隻。經常處於這樣的狀況的你，就會建立起「自己會營造難以親近的氛圍」「自己讓人感覺難相處」的自我形象。

朋友經常找你傾訴煩惱、吐苦水，你就會建立「自己屬於可靠類型」的自我形象。

我們往往認為自我形象是自己與生俱來的，但其實它是透過他人所說的話語、他人表現出來的態度形塑而成的，換句話說，我們應該明白**人是透過「他人眼光」建立起自我形象的**。如此一來，為了擁有理想的自我形象，我們就必須讓他人對自己產生良好印象。正因為如此，我們才會對別人的看法變得過於敏感。

太過玻璃心？「被輕視的不安」惹的禍

無法獲得他人認同的時候，就會觸發認同渴望。越得不到認同，希望他人認同的想法便會越發強烈，人的確是被未獲滿足的需求所驅使的。

舉例而言，如果有人對你說出很嚴厲的話，或表現出厭惡的態度，不管是誰，應該都會覺得受傷。當和印象不好的人在一起會受到傷害時，我們就會盡量避跟他扯上關係。這些都是理所當然的事。

但是，近來卻有越來越多人有心理過於脆弱的傾向。這種傾向，與**「被輕視的不安」**有關。

越來越多年輕人在面對別人的建議時，會產生「對高高在上的態度感到焦躁」的感覺，我在分析這個現象時，將潛藏在其中的心理稱之為「被輕視的不安」。

所謂「被輕視的不安」，是指擔心自己是不是被他人瞧不起、會不會被取笑、是否被輕視……諸如此類的焦慮感。這可以說是扭曲形式的認同渴望吧！

這些是每個人心中都會有的想法，尤其當「被輕視的不安」較為強烈的時候，即使對方沒有瞧不起你的意思，只是出於好意才提出建議，甚至給了實際有用的建議，但對你來說，依舊會感覺對方好像只是在炫耀地位優越。

在「建議」這個互動當中，本就包括「提供」和「接收」兩部分，若要說「提供」比「接收」的人有優勢地位，或許看起來的確是如此。但是，對於獲得建議的人來說，實際上是有所助益的。

「被輕視的不安」不僅會因他人的建議而起，有時對「我來幫你吧！」諸如此類的用語也會出現強烈反應。雖然明知對方是出於善意才這麼說，不過，有人會感覺這就像是被對方說：「你做不到嗎？」「效率真差耶！」所以對這類用語產生厭惡的感覺。

假使內心強烈懷有「被輕視的不安」，就連親切的態度也會被你解讀為瞧不起的態度。結果別說感謝他人了，反而會變成：「那種居高臨下的態度，真讓人不爽！」

我們以大學生和專科學校的學生為對象，進行了人際關係的意識調查。結果，在三百一十名學生當中，有六四%的人認為「被他人用『居高臨下的態度』說話，會覺得不爽」；有四〇%的人認為「同齡人的話語會讓人感覺到『居高臨下的態度』」，可見很多年輕人對於「居高臨下的態度」非常敏感。

此外，有六八%的人自認「非常不想被他人輕視」；七〇%的人自認「非常希望獲得他人認同」，由此可得知，許多年輕人都對於他人的評價感到不安。

此外，我們以年齡落在二十到五十九歲，共計三百五十名的男性和女性為對象，進行人際關係的意識調查，結果發現有超過半數的人「非常不想被他人瞧不起」。

如今受到「被輕視的不安」威脅的不只有年輕人。由實驗結果可見，無關年齡大小，被扭曲的認同渴望所左右的人實在非常多。

經過專業分析的結果顯示，越在意別人「居高臨下的態度」，越可能有以下的傾向——

① 一旦遭到他人批評，不管對方是否說中，都會非常生氣。
② 不想被人瞧不起的想法很強烈。
③ 有時候，對任何事都感到不滿。
④ 有時總覺得諸事不順。
⑤ 立刻就拿自己跟他人比較。

⑥有時覺得工作／學習討厭死了。
⑦非常在意別人對自己的看法。

對於現狀強烈不滿、缺乏自信、其「被輕視的不安」越強烈的人，對於「居高臨下態度」的敏感程度就越高。

因為對方的幾句話或態度就反應過度，變得不高興，甚至挑釁地回應，這些都是因為「被輕視的不安」作祟，曲解成對方瞧不起自己所致。

人們為何總是「自我設限」？

你聽過**自我設限**（Self Handicapping）這個詞嗎？可能很多人不知道，但其實這是每個人在日常生活中都會出現的行為。

比方說，你要和公司的同事一起去打保齡球。在開始前，其中一人說：「保齡球喔，到目前為止我只打過兩次保齡球，幾乎可以算是初學者。」另一個人說：「雖然我曾打過四、五次保齡球，不過，那已經高中時代的事了，投球的感覺早就忘得一乾二淨啦！你咧？前陣子不是去打保齡球了嗎？」接著，被問到的人回答：「嗯啊，前幾天有人揪我去打保齡球，但是完全不行，小學的時候有玩過，算算已經有二十年沒打保齡球了吧！」大家都如此強調自己已經很久沒打球了。不光是保齡球，應該不少人都有類似的經驗吧。

無論是滑雪也好、高爾夫也罷，只要談到大家一起從事的活動，大部分人都會強調自己是多麼經驗不足，或是已經有多久沒從事該活動了。

這就是心理學上所說的「自我設限」，又稱「自我妨礙」。由於嘗試去做一件事，但結果並不理想的時候，會受到傷害，我們用「自我設限」當作預防自己受到傷害先打的預防針。

因為幾乎沒有做過，不擅長也是理所當然；由於非常久沒有做，所以做得不好也是理所當然。我們就是拚命向身旁的人強調這一點，以防萬一做得不好時受到傷害。

這種情況並不僅限於運動。

舉例來說，在職務晉升的資格考試之際，自我設限的行為往往也是昭然若揭。因為害怕萬一認真念書卻不及格，給人留下腦袋不靈光的印象。為了防止這種情況，便告訴他人：「我最近很忙碌，完全沒時間念書……」「在這種時候，還要弄考試什麼的，真是受不了！」「我感冒了，今天從早上開始就有點發燒，腦袋昏昏沉沉的，真傷腦筋。」等等，暗示自己是真的沒怎麼念書，或強調自己的狀態有多麼糟糕。

只要事先宣稱有這些不利條件，當資格考試的成績不佳時，就可以找藉口說「因為沒做好考試的事前準備」、「因為發燒，無法思考」等等。即使落榜也不會證明自己無能，這就是自我設限的目的。

這種作為也就是「自我呈現」的一種。所謂自我呈現，是指為了給他人留下特定印象，調整與自身相關的資訊給他人的行為。這種按照自己想要塑造的形象，調整自我呈現的方式，也可稱為「印象管理」。

為了讓他人接受自己而費心；為了讓他人對自己抱有正面肯定的印象，或為了不讓他人留下負面印象，而調整自己的言行舉止——這些行為也都是出於對認同的渴望。

綜上所述，所謂的自我設限，是指當自己可能接受到負面評價時，藉由事先強調自己存在有不利條件，或實際製造出不利條件，以預防因失敗導致評價降低和印象惡化。這其實就是一種自我呈現，是為了防止認同渴望受挫所做的嘗試。

這裡所說的製造不利條件，舉例來說，就像是考試前故意跑出去玩之類的行為。如此一來，萬一考試不及格或落榜時，就有藉口說：「因為我在考試前跑出去玩啊！」

對於「為了避免在事情進展不順利時受到傷害，事先設置好了防線」這類型的人來說，自我設限就是拚命程度的一種表現，由此更可以看出他們對於「想要獲得認同」的強烈渴望。

焦慮感較強的人，就算事情進展順利，認同渴望也獲得滿足，也會隨即又會變得焦慮不安。在心理學方面的研究中也顯示，擔心無法獲得正面評價而感到強烈不安的人，即使獲得他人的好評，依然會對自己的能力產生懷疑，因為擔心自己是否辜負別人的期待，反而加劇了諸如此類的焦慮不安。

在遭受「被輕視的不安」威脅、在拚命地自我設限背後，其實潛藏著強烈的認同渴望。相信大家應該已經明白這一點。

認同渴望，自我形成的原動力

他人是如何看待自己的呢？會認為自己是好人嗎？還是有趣的人呢？別人會用正面的角度看待自己嗎？如果得不到正面肯定的看法，該怎麼辦？若是這樣的話，會覺得很受傷吧——受到這些想法威脅，絕對不是一件令人愉快的事。

不過若是能將這些想法理解為，這就是每個人都會有的認同渴望，心裡多少會輕鬆一點，不是嗎？

換句話說，我們在受到「被輕視的不安」威脅的同時，仍然想方設法地，強烈渴望得到他人的認同。

從前述的各種案例中可以看出，在認同渴望的驅動之下、希望得到周遭人認同的想法，讓我們得以成長茁壯。

在第一章開頭也曾經說明過，小時候希望得到父母認同的想法是成長的原動力，隨著年紀增長，再加上想要獲得朋友的認同、老師的認同，認同渴望會以各種形式促使我們成長。

踏入社會之後，還會想要獲得同事的認同、想要得到往來廠商和顧客的認同。

想要被認為是工作能力強的人，這些想法也有助於提升工作能力。此外，在個人生活方面，希望他人認為自己是真誠、富有同情心的人，這些想法也會促進個人成長。

在這個過程中，雖然有時會因為工作不如預期而感到痛苦；有時會認為自己缺乏人格魅力而陷入自我厭惡；或許還會因為這些不順心的事情而飽受折磨。但是，這種內心糾葛和想法都可以看成是「想要超越現在的自己」的外在表現。

從這個意義上來說，認同渴望可說是自我形成的原動力。

因此，當你被認同渴望牽著鼻子走而痛苦不堪的時候，重要的不是否定自己內心的認同渴望，而是不要過度被認同渴望所左右，適當地應對並**活用認同渴望**。關於具體的方法，將於下一章說明。

放棄「認同渴望」就能離苦得樂？

有一派說法是，沒必要為了尋求別人的認同而痛苦，只要放棄認同渴望，心裡就會輕鬆許多。

但是，事實真的是這樣嗎？只要放棄，就會變得比較輕鬆嗎？誠如第一章所述，認同渴望是成長的原動力，那麼斷然放棄認同渴望後，難道不就停止成長了嗎？

心理學家黑茲爾・羅斯・馬庫斯（Hazel Rose Markus）和北山忍，認為不同的文化中有不同的自我存在方式，並從這個角度出發，將歐美獨立的自我觀和日本相互依存的自我觀進行對照。

舉例來說，若請受訪者舉出自己的特點，很多美國人會列舉諸如：積極、運動全能等等。相對地，很多日本人則是舉出自己與他人的關係，例如：社會關係、地位、媽寶或長男等等。

根據馬庫斯和北山的分析，美國人之所以會有這種傾向，是因為歐美文化認為每個人在本質上都是分離的個體，而且每個人都被要求獨立於他人，發揮自己固有的特質。

另一方面，在日本這類非西歐的文化當中，則時常將自己視為周遭社會關係的一部分，而我們的行為取決於自己如何接受他人的思考、感情和行為。

獨立的自我觀和相互依存的自我觀之對比，正顯示出亞洲人和歐美人在人生觀方面的極端差異。

歐美的獨立自我觀，認為個人的自我與他人或周遭等社會脈絡相分離，是不受影響的獨特存在。相對於此，在亞洲相互依存的自我觀當中，個人的自我被視為與他人或周遭等社會脈絡緊密相連，並且深受其影響。

在獨立的自我觀當中，個人的行動取決於當事人的想法、敏感度等內在條件；而在相互依存的自我觀當中，個人的行動被視為是由個體與他人的關係和周遭狀況所決定的。

獨立的自我觀認為自尊心與開發自己的內在能力、做出自己滿意的成果有關；相對於此，相互依存的自我觀則認為個體與自身周遭的他人建立良好關係、充分承擔社會責任才與自尊心息息相關。

即使是在不知不覺中受到歐美價值觀薰陶的亞洲人也是如此，不但自我存在的方式和行為會受到他人和外界所影響，自尊心也和與他人建立良好關係、承擔社會責任有關，對於亞洲人來說，這些應該都是極其自然的事情。

但是歐美人就不同了。若依循歐美式的獨立自我觀，將自己視為與他人分離的個體，那就比較不會在意他人對自己的看法，也許放棄認同渴望也能生活下去。

但是，我們亞洲人因為生活在與他人相互連繫的世界裡，很難不去在意他人對自己的看法。

放棄認同渴望、按照自己的想法行事，或許能夠擺脫被認同渴望制約的痛苦。但與此同時，也會因為無法融入周遭環境、無法做好工作，不斷給周遭人帶來麻煩，導致適應不良而感受到折磨吧！既然生活在一個講究關係的世界裡，我們就難以完全忽視來自他人的認同。

因此，就算放棄了認同渴望，也絕對不會因而變得輕鬆。倒不如說，除了已經達到自我實現境界的奇才，一般人幾乎不可能捨棄認同渴望。

不擅「個人主張」的關係社會

我們亞洲人是在相互依存的自我觀下形成自我的，也就是活在與他人相關的自我之中；而不是像歐美人那樣，活在獨立個體的自我之中。

若按照我的說法，我們不是活在「個體」的世界裡，而是活在「關係」的世界裡。

生活在這種「關係」世界裡的我們，擁有雙向的觀點。

「I」相對於「you」來說，是獨立的，也就是可以單方面地展現自己，可說是「個體」世界存在方式的基礎。在傳達自己的想法時，與其他人都無關。如果生活在「個體」的世界裡，只要堅持自己的想法即可。不管對方怎麼想都沒有關係，自私任性也無所謂，只要說出自己的要求即可。即使對方不能接受，他也會堅持自己的主張。這就是「個體」世界的樣貌。

不過，如果活在「關係」的世界裡，事情就沒有那麼地單純了。你會考慮到對方的感受、言行舉止要符合與對方的關係；還有為了不傷害對方、為了不讓對方感到尷尬、為了不引起對方不滿等等諸多考量。在考量的同時，還必須好好地向對方傳達自己的想法，但無法任性地堅持自己的主張。

我們之所以會在意對方的想法，無非是因為我們活在一個重視關係的世界裡。

「在下、我、老子」，這些都是第一人稱，至於要使用哪個自稱，則會隨著你與對方的關係而改變。我們總得發揮與生俱來的共感能力，思考對方在想什麼、對方想要什麼等等，一邊考慮對方可能的想法，一邊將言語調整成讓雙方都覺得舒服的措辭，並不是你想什麼就說什麼，這麼簡單的事情。

也有人會對於無法明確地表達自我主張而感到自卑，但是，**不擅長自我主張，絕對不是可恥的事情**。只是就我們的文化而言，往往不太需要這麼做而已。

我們活在重視「關係」的世界裡，總試圖去察覺對方的心情和想法，想要尊重他人的立場，所以不太可能單方面地把自己的意見強加於人。也因此容易不擅長自我主張。

對方期望什麼？感覺如何？我們之所以會如此在意對方的感受，並不是缺乏獨立性，而是因為想要回應對方的期待。

換言之，我們較不會以自我為中心，只追求自我滿足，因為我們也在乎對方是否滿足。

即使有想說的事情也說不出口，明明有需求卻有所顧慮……會如此不僅是因為自我主張的技巧不夠熟練，也是因為不想給對方造成負擔，或不想讓對方覺得自己是厚顏無恥之徒。

沒能磨鍊自我主張的技巧，其實是因為在文化傳統上，社會根本不重視其價值的緣故。

「自我中心」和「關係」文化的差異

誠如前述，我們的言行總是會考慮到他人的感受。

以日本人來說，我們不存在獨立於他人的自我。雖說如此，這也不代表我們的行為不成熟。

在亞洲文化當中，把自我與他人完全切割開來的人，因無法顧慮到對方的情況，就某種意義上而言，會被視為是不成熟的表現。對於亞洲人而言，**我們總是在「關係」之中決定自我的存在方式**。

我們會在總是猶豫不決、想依賴別人的朋友面前變成可靠的自己；在擅長照顧他人的朋友面前變成有點撒嬌的自己。當老師期待我們成為模範生時，為了不辜負期待，會變成拚命念書的自己；當被上司和同事視為

「工作能幹的人」時，就會變成即使勉強自己，也要把工作做得比別人更好的自己。

就像這樣，根據自己與對方的關係，靈活地調整自己，可以說是亞洲式的自我存在方式。

我在前一個章節也曾提及，歐美文化的特徵是「自我中心」，亞洲文化的特徵是「關係」，並也將兩者加以對比。

所謂「自我中心」的文化，是指只要盡情主張自己的想法就好。要不要提出某件事情或採取某項行動，全都只以自己的意見和立場為基準來判斷即可。

歐美人在這種文化之下所形成的自我，是與他人分離的獨立個體。

另一方面，在「關係」的文化裡，則不能因為單方面的自我主張而讓人為難、讓人討厭。要不要提出某件事、是否採取某項行動，都應該要考慮到對方的心情和立場。

我們亞洲人在這種文化之下所形成的自我，不是封閉的個體，而是對他人採取開放的態度。

對於這種亞洲式的自我存在方式，崇尚歐美的人因為認為欠缺獨立性等，而多所批評。但其實適度克制自我主張、尊重對方、不固執已見，如此對他人採取開放的態度，才能創造出紛爭較少的和諧社會，不是嗎？

就這個意義而言，在意他人的眼光，為了獲得他人認同而努力，也不能說絕對是壞事，反而也可以算是一件好事。

深受讚譽的「禮儀之邦」

日本人以良好的禮儀獲得好評。在二〇〇九年，全球最大的線上旅行社智遊網集團（Expedia）對歐洲、美洲（北美、南美）、亞太地區的飯店經理人進行了各國遊客的評價調查。

調查結果顯示，日本在九個項目當中，「規矩」、「禮貌」、「清潔」、「安靜」、「客訴少」這五個項目名列第一，綜合評價也是當之無愧的第一名。換句話說，日本人獲選為世界上最好的遊客。

即使發生災難時，日本也很少出現搶劫事件。或許日本人會認為是理所當然的事，但是，對外國人來說，這似乎十分令人驚訝。

像這樣謙恭有禮、不帶攻擊性、盡量和平解決問題的態度，在日本人的心中早已根深蒂固。

與肯普弗（Engelbert Kämpfer）、西博德（Philipp Franz von Siebold）並稱為長崎出島三大學者的通貝里（Carl Peter Thunberg），曾經於一七七五～一七七六年在日本停留，並於彙整當時景象的遊記當中，詳細記錄他對於日本的印象。

通貝里表示，沒有比日本人更有禮貌的國民了。在他的紀錄當中，日本人從小就被教導要順從，年長者也會以身作則。對於身分地位高的人或長輩，當然要禮節周到；對於身分地位對等的平輩，也是細心寒暄，行禮如儀。

此外，在遊記當中也提到歐洲人在日本做生意的齷齪手法和欺騙行為。對這樣的人，就算日本人抱持著鄙視、厭惡和警戒心也是理所當然，但是，日本人還是非常寬容和善良，這讓他感到驚訝。

將時代再往前回溯到相當於安土桃山時代的一五七九～一六〇三年

間，曾三次旅居日本的傳教士范禮安（Alessandro Valignano）也表示，每位日本人都彬彬有禮，就算是升斗小民和勞工也被教育得高雅有禮，令人驚嘆。在他的紀錄當中，日本人的言行舉止就好比是宮廷侍者一樣，在禮儀方面，不僅比東洋的其他民族有禮貌，也優於歐洲人。

因為日本人厭惡謾罵，並且有意識地避免，所以日本人之間很少發生爭執，保持著平和的狀態。甚至在小孩子之間，既不會說難聽的話，也不會像歐洲人那樣赤手空拳地互毆爭吵。他們用極為禮貌的措辭交談，保持著根本不像孩子會有的冷靜和沉穩態度，相互之間不失尊重，已經到了幾乎難以置信的程度。雖然日本人在很多方面不如歐洲人，但是在優雅有禮、能夠理解他人方面，則是凌駕於歐洲人之上。

「禮貌文化」背後所欠缺的「勇氣」

為什麼日本人會這麼有禮貌呢？最大理由不外乎就是「在意他人眼光」的緣故。日本人認為在待人接物時，「不能做不光彩的事」、「不能造成他人麻煩」。

「不能做出無顏面對他人的事」、「不能做出讓人在背後指指點點的事」、「要成為受人尊重，了不起的人物」，日本人從孩提時期開始，就是在這些教導之下長大的。

一旦做出不恰當的行為，或是無法回應他人期待，就會遭受指責：「如果做這種事會被取笑喔！」「就這點事也做不到，很丟臉耶！」「說這種藉口太不像話了。」

於是人們就這樣，將「他人的眼光」漸漸納入自己的意識當中，養成恥感的意識。

不想被嘲笑；不能做不體面的事；不想讓人看到羞愧的樣子；不能做有損顏面的事——這些想法逐漸成為控制自己行為的原動力。

有的人會用自嘲的口吻說日本人就是太在意「他人的眼光」，但是，過度不在意「他人眼光」的人也可說是性格相當惡劣。過度不在意「他人眼光」會表現出我行我素的行為，這樣的人即使造成別人的麻煩也無所謂，傷害他人也沒關係。

日本式的做法是透過意識到「他人的眼光」，也就是「對方的想法」來克制自私利己的念頭，藉此維持社會的秩序。然而，有時太過在意他人的眼光，會讓人感到痛苦也是不爭的事實。

任何事情都切忌矯枉過正，假使完全沒有意識到「他人眼光＝對方的意識」，這個社會就會像是各種任性的自我主張相互衝突一樣，勢必成為一個充滿攻擊性的社會。

非常在意「他人的眼光」。

對於他人對自己的看法在意得不得了。

強烈希望他人覺得自己很好，過度迎合他人，所以很痛苦。

在這種心理的背後，一方面是不想讓別人認為自己不好，但要費心迎合對方又覺得鬱悶；另一方面，又認為就算被討厭也無妨，想要變得更加自由——於是內心陷入糾葛。

正因為現代人的內心被這種矛盾填滿，才會出現暢銷書《被討厭的勇氣》吧！在其熱銷的背後，不妨說是現代人的心理已經出現「不想被討厭」、「但是很鬱悶」這種矛盾混亂的傾向。

自我約束的「恥感意識」之源

「在意他人眼光，講究顏面的日本文化，與歐美相比並不成熟。日本人應該擺脫世人眼光，確實保有自我，以自己的價值基準判斷事物。」

有時會看到被視為專家的人物發表上述言論，認為日本人的「恥感文化」倫理觀念並不成熟。

甚至還有日本人以自嘲口吻說，應該脫離「恥感文化」，學習歐美的「罪感文化」。

既然如此，為什麼「恥感文化」國家的犯罪會比「罪感文化」國家的犯罪來得少，治安較良好呢？為什麼「罪感文化」的國家出現那麼多我行我素的自我主張，曾經有過戰火連年、血腥殘酷的歷史呢？難道我們不應該對此抱持疑問嗎？

物理學家湯川秀樹曾在簡短的自傳中進行自我分析，其中也提到罪惡感和羞恥——

「西方人所抱持的那種罪惡感，或是印度人、阿拉伯人等等——雖然我不太清楚——我們日本人並沒有那種跟信仰有關的沉重罪惡感。但是，跟罪惡感有點不同，做某些事會覺得可恥，面對他人、面對社會覺得羞恥的心情，在這個方面，日本人優於其他國家的人。」（引自湯川秀樹《書中的世界》，本の中の世界。）

可見，就算不是以心理學問題為主題來探討，恥感意識對於日本人來說也是非常熟悉的。不妨說只要是日本人，大概都是以恥感意識來約束自己的吧！

作家司馬遼太郎說，世界上大多數的民族認為只有在宗教等絕對原則的馴化之下，才能維持社會運作。我們沒有這類絕對原則，卻仍然能夠維持社會秩序，就是因為擁有「不做可恥之事」的美學意識。「不做可恥的事情」、「說這種話會被嘲笑」等等，日本人擁有「很帥、很遜」的美學意識。單靠這種美學意識，就能夠長期維持社會運作的國家，可能也只有日本了。之所以犯罪率偏低，也是因為犯罪很不體面的緣故。

受此影響，根據日本文學研究者唐納・基恩（Donald Keene）的描述，同是小偷殺害某間店的老婦人遭到逮捕，在審訊中認罪時，如果是日本人，一定會說「對不起」、「做了非常糟糕的事」；但如果犯人是外國人，則會否認犯行，即使到最後不得不認罪，也會流露出懊悔生氣的表情，絕對不會說「對不起」之類的話。

他說在日本，不管多麼窮凶惡極的罪犯，在承認自己的犯行時，多半會說很抱歉，不過，這並非是出於對上帝或神明的罪惡感，而是與對社會的罪惡感。

對此，司馬遼太郎說：「與其說是社會，不如說是世俗。」而基恩也同意：「沒錯，就是世俗。」

研究印度哲學的日本學者中村元也指出，美國人等外籍犯罪者通常不會認罪，而是試圖找各種理由脫罪，但是，日本的犯人有時會因為某個原因而坦白認罪。他分析這可能與日本人的情緒傾向有關。

一方面是對被害者感到「抱歉」，那種感同身受的情緒傾向有關；另一方面則是認為做出壞事還死不認錯，會讓人有「很丟臉」、「難為情」、「應該覺得可恥」、「不能做這種不光彩的事」之類的感受。這也就是「他人眼光＝世俗的眼光」內化而成的美學意識，在我們心中發揮出強大作用的證明，不是嗎？

由此可見，意識到「他人的眼光」，希望獲得他人認同，絕對不全是壞事。反之，因為這種認同渴望，讓人有所成長、維持良好的人際關係、建構出治安良好的社會。

雖說如此，過度受到「他人眼光」的束縛，也會讓人感覺辛苦而疲憊不堪。因此我們需要做的不是放棄認同渴望，而是善於控制。

在第五章當中，我們將探討掌控認同渴望的方法。

第5章

如何妥善掌控「認同渴望」？

過度在意是自虐，適度在意是體貼

同事開口要求換班，明明那天已經有預定計畫，其實不想跟他換班，卻無法拒絕只好接受。

明明已經覺得很累，想早點回家休息，當同事約吃飯的時候，卻無法拒絕只好陪他去。

明明手邊的工作已經堆積如山，上司又交辦了更多工作，只好隱瞞現況勉強自己吞下額外的工作。

覺得情緒低落、完全開心不起來的時候，為了避免氣氛變得沉重，只好勉強自己在他人面前裝出開朗模樣。

即使無法認同朋友的言論，但因為不想變得尷尬，迫不得已地邊聽邊表示同意。

發現自己有上述傾向的人應該很多吧！不過，我認為這麼做並沒有什麼錯。

他人有事情拜託自己，明明不願意卻說不出口，是因為不想辜負對方的期待。而實際上，對方應該也因此而得到了幫助。

即使認為他人的言論有誤，卻沒辦法直接地告訴對方，是因為不想讓否定對方的感覺造成彼此尷尬。在你的如此顧慮之下，對方不至於心情不愉快。

即使遇到令人沮喪的事情，也勉強自己表現得很開朗，是因為不想讓對方擔心。如此一來，就不會造成對方的負擔。

這些行為模式，都是為了成為對方心目中的好人，也可以說是基於認同渴望所出現的行為。

這些行為的結果是讓對方或周遭人都獲得幫助，所以這些行為模式沒有必要完全改變。

問題是在於已經過度勉強自己、過度壓抑自己，導致累積太多壓力的狀態。我們有必要先釐清這一點。

顧慮他人非壞事，重點是找到自己底線

雖然沒打算勉強自己跟同事交際應酬，但和同事們一起吃完飯後再回家，並不覺得辛苦；和大家天南地北聊天，氣氛很熱鬧也很愉快。然而，在跟大家分開後，獨處的自己不知為何總覺得如釋重負，或者突然產生疲憊感——如果你有這種情形，你就該意識到，可能在某些地方還是勉強到自己了。

和他人相處固然很愉快，不過，多少也有必須小心翼翼的一面，所以會讓人感到疲憊。任何人都會有這種心理，只有神經特別大條的人另當別論。正如在第四章後半所提到的，我們生活在重視關係的世界，每個人都已經養成習慣，會一邊注意周遭人反應，同時調整自己的態度。

每個人或多或少都會在意周遭反應，也會觀察其他人的神情。例如：每當說了些什麼，就會在意他人的感受，心想「剛才的發言應該沒問題吧？」「是不是說得有點過分了？」等等。一旦感覺有些不對勁，便會開始擔心「是不是害別人覺得不舒服」、「或許傷害到別人了」……。

我們之所以會在意周遭，除了想避免傷害別人、引起他人反感，有時也是擔心自身的形象。

例如，擔心自己說話是不是很無聊——當大家聊得很開心的時候，因為對於自己的口才沒有自信，擔心著「別人會不會覺得我是個無趣的傢伙啊」、「會不會讓人覺得很悶啊」。其實，人會有這種擔憂也不是什麼稀奇的事。

我在大學授課時曾提到這個話題，也有學生來跟我說：「明明和朋友們在一起，應該是很開心的事才對啊！但我卻經常在分開後感到疲倦。現在知道是什麼原因了。我原本以為不管跟任何人都能相處愉快，如今才發現自己對於朋友也相當費心思。」

在這當中，不僅有一心不傷害朋友、不引起朋友反感的學生；也有為了滿足朋友的期待而一味勉強自己配合的學生；還有學生向我吐露內心的矛盾，覺得「難道這就是朋友關係嗎？」懷抱著焦躁和絕望的心情。

這些顧慮當然不是壞事，以「體諒對方心情」這一點而言，甚至可說是一件好事。只不過，過度拘泥在這些顧慮中，可能會讓生活變得很痛苦。因此必須察覺到自己是否有這種傾向、確認是否過於勉強自己，並且避免累積壓力。

從今天開始任性自私，就不累了？

或許是因為現在有很多人都被認同渴望折騰得痛苦不堪的緣故吧，開始有人建議人們「應該放棄認同渴望」——我不得不說這是一個過於偏激的意見。

某位女性告訴我，同事跟她說：「妳這麼處處顧慮他人的感受，應該覺得很累吧！就算在公司裡裝好人也沒用啊！」

她說，她其實沒打算裝好人，倒也說不上很累，可是又覺得，原來在別人眼裡，看起來是在勉強自己的樣子喔？於是她覺得自己確實可以過得再輕鬆一點。

當下她說出自己這個想法時，那位同事還對她說：「這樣就對啦！妳可以更任性一點也無妨。像我這種人，因為什麼都不操心，所以想說啥就說啥。」

然而，那之後的某次，她聽到其他同事在背後議論她的事。同事們講著閒話，說她以前感覺是位很好的人，但這陣子卻有些自私，是不是漸漸露出本性了之類。

這位女性告訴我，聽到同事的這些話，讓她覺得很困惑。

她開始思考——顧慮身旁的人、表現得和藹可親，這些都是出自她本性的行為嗎？或者她只是勉強自己裝出好人的樣子？對她而言，無所顧慮地表達自我主張算是自然的行為嗎？或者其實是被活得隨心所欲的同事影響而迷失了自己？

有些過於小心翼翼、過於壓抑自己、疲於處理人際關係的人，在接受半調子的心理諮商之後，原本能夠為人著想，感覺還不錯的性格，卻突然轉變成了任性的模樣。

也有一些原本因過於勉強自己而感到痛苦的人，隨便聽信他人「沒必要那麼勉強自己」的建議，變成了絕不勉強自己、暢所欲言；面對任何會造成負擔的事情，都立刻斷然拒絕、絲毫不考慮對方感受，行為自私又任性的人。

看了這些案例，我不禁認為，凡事採取中庸之道才是理想的做法，但是，人總是從一個極端走向另一個極端。

大家公認為溫柔的人，為了符合溫柔的形象，有時候難免會勉強自己。在這樣的行為當中，其實隱藏著認同渴望——希望他人認為自己是溫柔的，而且也不想破壞這種印象。

大家公認為細心的人，也會勉強自己做出符合那個形象的行為。其中一樣隱藏著認同渴望——希望他人認為自己細心，並且不想破壞自己這種印象。

多虧有這種認同渴望，我們才能與周遭人建立起良好關係。如果太勉強自己，因而感到痛苦，那當然另當別論。但只要還不到痛苦的程度，在認同渴望的驅使下，即便多少有點勉強自己，這也非但不是壞事，甚至可說是件好事。

善用認同渴望，成為「值得信賴」的人

一個大家公認「工作能力好」的人，若是被說服放棄認同渴望，有時也可能會變成平凡無奇的人。

某位男性說，他很喜歡工作賣力、做事俐落的自己，並且對此感到自豪。但是有一天，他在雜誌上看到了一篇報導，當中寫道：「因認同渴望而痛苦的人，只要放棄追求他人的認同，心裡就能輕鬆許多。」於是他開始認真思考這件事。

他對自己的工作能力感到自豪，總是拚盡全力達成公司規定的業績，為了成長也勤於學習進修，若要說辛不辛苦，的確是很辛苦。如果不要如此賣力工作，只要看起來差不多就行了，肯定會比較輕鬆。

其實在他的周遭也不乏工作敷衍了事的人，但是，他並不想用那種得過且過的工作方式。不勉強自己努力工作，或許是比較輕鬆沒錯，不過這麼一來，就無法感受到充實感和成就感，也會讓人感覺工作提不起勁吧！

因為上述想法，他最後還是決定不放棄認同渴望，並且堅持以往的工作方式。

工作能力好的人，就是強烈渴望周遭人認同自己「工作能力強」的人。這並不全是壞事，多虧有強烈的認同渴望，這些人的工作能力才能越來越好。

活躍於體壇的運動選手，通常也強烈渴望獲得周遭認同。只是，有些選手卻因為太想要得到他人認同而被壓垮；反之，有些選手以此為動力，增強自己的力量，最終取得成果。

想要被視為「有能力的人」、想要被當成「值得信賴的人」。為這種想法努力的人們，雖然是為了尋求認同感而採取行動，不過，也多虧了那份強烈的認同渴望，他們才能夠有所成長。

無論是工作、學習、運動還是藝術，為了成長進步，有時我們確實必須勉強自己卯起來努力。雖說這是出於認同渴望的行為，但是，我們不應該隨便否定認同渴望。

如果輕易地否定了，說不定會偏離好不容易才建立起的成長軌道。

找到壓力源，擺脫負面影響的第一步

我們不該一味把認同渴望當成壞東西一樣全盤否定，而是要認清認同渴望，同時具備了正面影響和負面影響。

因為渴望他人的認同，我們會不顧一切地提升工作能力；也會顧慮他人感受，讓人際關係更加圓滑，這些都可說是正面的影響。雖然已是老調重提，但為了獲得他人的認同，稍微勉強自己絕對不是件壞事。

造成問題的是——因為過度勉強自己，把壓力累積到讓自己疲憊不堪的情況。

舉例來說，根據周遭人對自己的看法，調整自身的呈現方式，這是在人際交往中不可欠缺的事。有時候面對不同的隸屬團體，就是得要扮演符合該團體的人設。但是，有時候，我們卻因而被人設束縛，變得不得不勉強自己、壓抑自己，結果因而感到苦悶。

此時，就有必要回顧一下自己。

我以二十歲前後的大學生為對象進行調查，結果顯示在約二百名的大學生當中，有二二・一%的人認為「有時候覺得自己的人設很拘束」；有四五・二%的人認為「自我意象和朋友對自己的印象有落差」；還有三五・七%的人認為「自己有想要塑造的形象，卻很難讓朋友如此看待自己」。由此可見，有相當多年輕人在人設的束縛之下勉強自己。

此外，更有三一・三%的人坦承「有時候會有轉換成其他人設的想法」，只不過大家都知道，要改變既定印象人設並不是一件簡單的事。

例如，對於扮演被欺負人設的人來說，被他人過分地捉弄時也會產生被霸凌的感覺，應該也有忍無可忍、想要動怒的時候。但即便如此，由於生氣違反了自己的人設，所以他總得想辦法拚命忍耐。

扮演搞笑人設的人，有時也會覺得苦悶煩惱。然而就算是情緒低落，完全笑不出來的時候，他一見到大家還是得裝出滿臉笑容，用力搞笑逗大家開心。也因此，才會漸漸累積壓力。

人設的約束力如此強大，導致每個人都被周遭人的視線牢牢束縛著。這無非是因為只要扮演好符合該場合的人設，就能夠滿足隸屬需求和認同需求的緣故。

不妨試著回顧一下平時的自己吧！如果覺得某件事似乎過於勉強自己、好像會累積很多壓力，那麼就必須思考是否要稍微調整一下自己與認同渴望的相處模式。至於如何調整，我們接著再來思考，在壓力狀態下的首要任務，是**壓力因應**（Stress Coping）。

釋放情緒有方法，避免誘發病態反應

同樣是面對壓力，有些人容易出現心情低落或身體不舒服等壓力反應；有些人則不容易出現壓力反應。後者屬於平常就善於處理壓力的人，而那些用來對應壓力的行為就稱之為壓力因應。

為了不被壓力擊垮，我們必須運用良好的壓力因應方式來緩和壓力反應，因此要事先知道壓力因應有哪些具體的內容。

在這個基礎上，建立屬於自己的壓力因應風格很重要。為此，不妨試著思考自己能夠做到的壓力因應備案吧。

壓力因應有很多方法，其中特別有效的是「情緒釋放型」的壓力因應法。換言之就是藉由發洩情緒，試圖轉換心情。

具體來說，就像下一頁圖表中所列舉的方法。

這裡所列舉的都是些一般可作的例子，參考這些方法並思考適合自己的壓力因應備案，落實於日常生活中吧！如果能夠因應壓力，即使面對高壓，也不容易出現病態反應。

抗壓能力強的人，為了避免累積太多壓力，平時就會保留時間沉浸在自己的興趣中，或是去散散心，在日常生活裡用心排解壓力。有些人在感覺壓力累積時，也會比平時更有意識地因應壓力。舉例來說，感覺到壓力累積，就邀朋友一起去唱唱ＫＴＶ，以盡情放聲高歌來發洩壓力；感覺到有點煩躁，就和朋友去常去的餐廳，邊吃喝邊聊天來發洩壓力；心情一不好，就開始暴飲暴食，狂吃美食來發洩壓力。

這些都只是舉例而已，有時就算邀請朋友，也會遇到朋友有事無法相陪，或者那個季節剛好不適合從事喜歡的運動的時候，所以因應壓力的方式不能只有一個，要讓自己保有多種備案。

情緒釋放型壓力因應法

① 回家後聆聽喜歡的音樂。

② 回家後欣賞喜歡的電影或電視連續劇。

③ 在回家途中買喜歡的甜點和飲料，在家裡悠閒享用。

④ 回家前先去餐廳享受稍微奢華的餐點。

⑤ 回家前去健身房運動流流汗，鍛鍊身體。

⑥ 下班後在常去的小酒館裡聊天、唱歌。

⑦ 休假日去逛街購物，品嚐美食。

⑧ 在休假日和朋友相聚，打網球、五人制足球或保齡球等，享受運動樂趣。

⑨ 休假日和朋友去唱KTV。

⑩ 休假日外出觀賞運動賽事。

⑪ 休假日去美術館或演唱會，享受文化刺激。

⑫ 週末和知心好友一邊吃飯，一邊天南地北閒聊。

⑬ 在天氣晴朗的休假日外出健走，沉浸於大自然之中。

⑭ 在休假日去附近的天然溫泉，泡泡溫泉放鬆一下。

⑮ 連假期間安排旅遊行程。

在自戀與自卑中擺盪的「被害者意識」

正如有人形容現在是「自戀的時代」，這是一個容易滋生自戀心態的時代。上傳自拍照或搏君一笑的惡作劇貼文等等，這些都可以說是典型的行為。

正因為身處在這樣的時代，有不少人的自我形象已脫離現實。為了不讓這些脫離現實的自我形象（帥氣有型的自己、才華洋溢的自己、人見人愛的自己）受損，他們會拚命維護自己無所不能的萬能感。

這些人不僅不敢挑戰自己可能做不到的事，對事實視而不見，還虛張聲勢裝出無所不能的樣子。因為他們需要的是他人的認同和讚美，一旦無法持續獲得認同和讚賞，就無法維持在自戀心態下描繪出的自我形象，幻想中的萬能感也會就此崩壞。

非常依賴他人認同和讚賞的人，在自我形象可能受到傷害時，會被激發出「被害者意識」，並容易出現攻擊性的反應。

這是因為他們強烈渴望他人的認同，一旦得不到，就會有「為什麼你不肯認同我」的想法，所以才對他人產生攻擊心態。

人在面臨可能受傷的情況時，會擺出攻擊姿態。身為生物，這是極為正常的防衛反應。而在缺乏自信、極度不安的情況下，更加容易出現攻擊反應。

舉例來說，因為別人的一句話或態度而過度反應——即使只是毫無惡意的言論，也覺得「你瞧不起我喔」；或者對方只是沒有注意到而已，卻認為「自己被無視」……。

因為一點小事，就搞得像遭到全盤否定而大動肝火，這也是因為害怕自戀心態受到傷害，虛張聲勢的假象遭到瓦解的緣故。當自以為無所不能的幻想被擊碎，守護自己的保護膜被撕開，他們就會出於恐懼而產生攻擊反應。

當得不到預期的評價和讚賞，當事情沒有按照自己的想法發展，這些人就會爆發攻擊性。明明對方並沒有任何惡意，單方面採取攻擊態度的人是自己，但這些他們都毫不理會，彷彿自己遭到攻擊般憤怒不已，一副自己才是受害者的樣子。

這是**過於強烈的自戀心態**加上**缺乏自信**所產生的現象。在強烈的自我中心之下，他們認為身旁的人應該事事以自己為中心，每個人都應該善待自己，所以當沒有得到預期中的回應時，就會出現這種過度的反應。

他們甚至會說出「都是因為別人不給好評」、「都是沒人做好事前準備」之類的話，錯將周遭人當成怨恨的對象。在這種情況下，自我中心的心態以及依賴他人的期待感都會刺激他的被害者意識。

即使因為實力不足導致工作無法如預期進展，在他的眼裡，藉口總是他人不給好評價、他人沒有做好事前準備，全部都是別人的錯。如此一來，就能維持幻想中自以為無所不能的萬能感。

另外，還有些人是屬於當事情無法如願以償、自戀心態受到傷害，就會陷入憂鬱的類型。

這裡所說的憂鬱，不是指那種因為非常認真和強烈的責任感，產生自責念頭而鬱鬱寡歡的類型。若要說是哪種類型，與其說是因自責感到痛苦，不如說只是缺乏責任感、想把過錯都歸咎給他人或公司組織，這也可稱為「新型憂鬱」或「現代型憂鬱」。

這類型的人即使工作忙碌也會隨意休息，還會出去遊玩享樂。不僅心情起伏很大，還會因為他人微不足道的言行而受傷，要不是追究對方的責任，就是擺出被害者的姿態控訴對方。

這些人不會隱瞞自己的憂鬱症狀，相反地，還會以憂鬱為理由尋求特殊待遇。

可以說他們這是自私任性又自我中心的情緒低落。

就像這樣，在自己無能為力的現實面前，他們會表現出異常強烈的被害者意識和攻擊性。至於那股抑鬱的情緒，也可說是為了拚命抓住幻想中的萬能感，以防止自戀心態受傷所做的掙扎吧！

「過度解讀」沒必要，只會讓誤會更深

即使在不那麼具攻擊性的情況下，不知道能否獲得認同而感到不安的時候，我們往往會不由自主地過度解讀對方的反應。

舉例來說，有些人明明想要與他人建立親密關係，卻很難結交適合的對象，甚至還會因為過於不安，反而採取疏遠對方的態度。

這種不安感來自於對「他人會如何看待自己」的擔心。更進一步來說，就是雖然希望對方能對自己抱持好感，但又不知道他對自己的看法，對於他人能否對自己有好感也沒有自信，因此內心焦慮不安。

每個人都會在意別人對自己的看法。誠如前一章所言，尤其是亞洲社會有在意「別人的眼光」的傾向，幾乎沒有人能自信滿滿地說「我就是這樣」。大部分都是得到別人的肯定評價，就充滿自信；得到否定反應，自信心就被摧毀，心情也會萎靡不振。

如果和對方的關係只是工作上的往來，應該不會太在意他的想法。然而一旦變成親密關係，就會想要與對方坦誠相待，也會希望對方了解自己。正因為有這些想法，所以才會無論如何都很在意對方對自己的看法。

有些人不管是跟異性朋友約會，還是面對同性朋友的邀約，明明心裡非常高興卻猶豫不決，甚至還會找藉口拒絕。原因無非是沒有信心可以讓對方覺得自己很好，比其他人加倍在意對方的眼光。

過度在意他人對自己看法的人，就算鼓起勇氣接受了邀約，也是不斷地在對抗心中的焦慮。

他跟我在一起，不會覺得很無聊吧？

應該有很多人遠比我這種人有趣吧。

他肯定覺得我是無趣的傢伙。

他不會後悔約我出來吧？

下次肯定不會再約我出來了吧！

當這些想法不斷在腦中盤旋，就算正在遊樂園玩耍，或在購物中心逛街、購物、吃飯，也無法完全樂在其中。

可能對方只是走累了，露出有點疲憊的表情，你就把對方的反應曲解為「一定是跟我待在一起很無聊」；明明對方只是口才不好，不愛說話，卻胡亂猜測「果然就是和我聊天不開心」；明明對方很享受約會，心裡卻獨自悲觀地想「他應該受夠我了，可能不會再跟我見面了」……態度也因此變得扭捏不自然，最後自己把約會氣氛破壞殆盡。

此外，似乎也有些人是因為擔心「對方若是感到厭倦該怎麼辦？」而故意拒絕對方的邀約，或用「如果見面太頻繁，對方肯定會對我這種人感到厭煩。」這類預設想法來讓自己打退堂鼓。

如此一來，對方可能誤會你在逃避，所以就真的不再邀約。各種顧慮的結果只是適得其反，最終親手扼殺了機會的萌芽。

因此，**切忌過度解讀對方的言行舉止**。為了不要破壞好不容易才建立起來的關係，最重要的是要明白在這個章節和前幾個章節所提及的，那些因為認同渴望所引起的問題，並且妥善控制認同渴望。

勉強當好人，對親密關係最傷

雖說顧慮對方的感受，有助於改善人際關係，但是也要切忌過度。

若因為想被認同而受到認同渴望的制約，為了讓他人覺得自己是好人而過度勉強自己，造成壓力累積、疲勞不堪，有時甚至超過忍耐的極限，導致情緒爆發，反而容易使得關係惡化。

有些人懂得顧慮他人，非常客氣有禮，也不會提出厚顏無恥的主張，並且能夠配合身旁的人。這種類型的人是眾人公認的好人，但如果要說他們活得很輕鬆，似乎也並非如此。

如果這個人原本就擅長照顧他人、經常顧慮他人感受，不會想提出自私自利主張，自然沒什麼問題，但如果是勉強自己扮演好人的情況，可能就會累積巨大壓力。

即使當事人自認沒有勉強自己，但有時候其實是在不自覺之中做出勉強自己的事。常見的情況是，從孩提時代開始就養成了察言觀色的習慣。

一位三十多歲的女性告訴我，她母親是個情緒不穩定的人，很容易感到不安，有時會突然動怒、哭泣，所以她從小就過得非常小心翼翼。

現在回想起來，母親是一個精神上非常不成熟的人，一旦遇到不如意的事情，就會立刻情緒爆發。她經常聽到母親哭訴鄰居和親戚的行為，也幾乎每天都能聽到母親對於父親的諸多抱怨。母親總是一直強調自己成為大家的犧牲品，老是吃虧，想不起自己幸福的樣子。

但是，那位母親似乎完全沒有意識到，自己的情緒不穩定也給孩子造成了精神上的負擔。

「母親本人好像覺得自己是處處為孩子著想的好母親，但其實她光做自己的事情就已經竭盡全力，即使我對她訴說煩惱，她也只會心神不寧，說不出半點有建設性的建議。」這位三十多歲的女性也曾經希望媽媽有點家長的樣子而反抗，但媽媽卻對她泣訴：「媽媽已經這麼辛苦地拚命在做了，妳為什麼不了解我的苦心？」最後只好不了了之。

這位女性如此自我分析：「為了避免給母親增加負擔，不讓她感到不安，所以我總是在觀察她的神情。因此在不知不覺當中，面對身旁的人也會壓抑自己，盡量不給對方造成負擔，養成與人往來時察言觀色的習慣。我認為自己之所以過度在意他人的看法、行為拘謹，根源在於我跟母親的關係。」

這位女性還告訴我，她最近跟男朋友大吵一架，起因是一些微不足道的小事。不過在爭吵過程中，動怒的男友忍不住說：「妳別在大家面前裝出和顏悅色的樣子了，妳老是勉強自己裝好人，心中累積太多不滿。我是跟妳最親近的人，妳卻為了瑣碎小事就把氣都發洩在我身上。不僅老是要聽妳發牢騷，我們甚至還為這點破事爭吵！」這讓她突然意識到自己因為從小就盡量不給母親造成負擔，導致如今把那些無法向母親傾訴的心情，全都發洩在了男友身上。聽說她將這些事情告訴男友而且坦率地道歉後，兩人最終言歸於好，也加深了對彼此的理解。

以這位女性的情況來說，因為母親是一個情緒不成熟的人，所以她在幼兒時期無法順利地形成對人的依戀關係，進而產生強烈的「被拋棄的不安」。所謂「被拋棄的不安」是指擔心被對方斷絕往來的不安，面對好不容易與人建立的關係，產生了「會被拋棄」的擔憂。

或許很多人從沒想過會被人拋棄，實際上也不曾被人拋棄過，認為「被拋棄的不安」跟自己無關。但是，在內心深處潛藏著「被拋棄的不安」的人絕對不罕見。

一旦結交親密的對象，就開始擔心那個人會不會離自己而去；擔心這段親密的關係轉瞬即逝，因被這種焦慮不安所威脅，心情無法平靜——迄今為止的人生當中，你曾經有過類似的經歷嗎？

這一切正是「被拋棄的不安」造成的。

有些人在內心當中隱藏著「被拋棄的不安」，一旦擁有了關係親密的朋友或戀人，在感到非常高興的同時，也被日益增加的不安威脅著，結果失去享受親密關係的從容心情，反而感到痛苦。

好不容易擁有親密關係，卻感到痛苦。若反覆經歷這種「被拋棄的不安」，有時候會變得害怕和他人親近。

剛才提到的那位女性，因為只要稍微不留神說了些什麼，就會影響母親的情緒，她認為母親會因而討厭她，所以才一直觀察著母親的神情。

當養成這種人際風格，便也會用來對待其他人。一邊觀察別人的臉色，一邊扮演著好人，如此一來，當然會積累壓力吧！結果就對著在她身邊，最願意接受她撒嬌的戀人情緒爆發出來了——一旦心裡鬆懈，不小心就表現出了自己情緒化和任性的那一面。

她這麼做就等於把所有的重擔都推給了那位最能夠理解自己的人。如此的人在還小心呵護戀情的階段，都尚能與對方相處融洽，但是，隨著兩人漸漸深入交往，開始不斷爭吵，最終導致分手。不斷重複這種交往模式的人，很可能就是被內心深處那種「被拋棄的不安」所左右著。

為了建立真正的親密關係，除了觀察周遭人的臉色，更重要的是好好地面對自己，不要勉強自己做好人。

適時「下線」，逃出社群的惡性循環

為了不被認同渴望牽著鼻子走，保有**暫離社群網路**的時間非常重要。

雖然社群網路是能夠與很多人連繫，方便好用的工具，但是，社群網路也會讓人擔心他人的看法，使得必須關注的人數暴增的工具。而且，不僅僅是在一起的時候，無論在何處、離得多遠，無論在做什麼，彷彿都必須時刻關注這些透過社群網路連繫在一起的人。

基本上社群網路是以文字為主溝通。因此，我們不知道對方的表情和聲音語調，偶爾會因為感覺文章內容很冷淡而感到不安。為了避免這種情況，有時我們會使用表情符號輔助，只不過這也導致光是「沒有表情符號」的情況都可能會讓人感到不安。

有時候，對方可能是因為沒有時間，只做出了必要的回應，並沒有任何否定的情緒，卻讓讀的人十分掛心。發生這種情況的原因，無非就是因為現代人「一刻也不曾離開社群網路」的緣故。

由於我們在社群網路上不斷地與這麼多人連繫，所有行為都被認同渴望所支配。朋友數量和按讚數視覺化為有形數字，所以讓人無論如何都很在意這些數字。

被植入「個人價值取決於朋友數量」的觀念後，會讓人盡可能地想與更多人連繫。為了增加按「讚」的數量，不得不去發佈一些看起來受歡迎的貼文並因而倍感壓力。一旦沒什麼人按「讚」，就會變得意志消沉，心灰意冷。

如上所述，一旦被捲入社群網路，我們就必須意識到更多的「他人眼光」。更有甚者，為了博人眼球，有些人會忍不住發佈可能引起爭議的文章，或是明顯可以看出就是在炫耀的貼文。

就像人們常愛「曬IG美照」那樣，有不少人為了炫耀自己過著多麼時尚的生活、每天日子過得多麼幸福，競相上傳照片。看到這些貼文，有些人在羨慕的同時也覺得自己很悲慘；有些人卻覺得傻眼，認為對方所上傳的一連串照片都很不自然，只不過是勉強裝扮得很時尚、裝出很幸福的樣子。

實際上，確實有人明明沒有交往對象，卻寫得像是有那麼一回事，為了假裝幸福，甚至花錢請人扮演朋友或戀人的角色。

然而越是這樣做，就會對自己越沒自信。**因為沒自信，就會越來越被「他人眼光」所束縛，拚命只想要獲得認同，陷入惡性循環。**

在第三章當中，曾經提到認同渴望越強烈的人，越傾向於使用IG或推特，而認同渴望不那麼強烈的人，則傾向於不使用這些社群網路服務。也提到認同渴望強烈的人，經常手機不離手，對智慧型手機的依賴程度較高；而認同渴望不那麼強烈的人，對手機的依賴程度較低。

有鑑於「已獲得滿足的需求無法驅使人採取行動」之理論，這正代表那些依賴智慧型手機和社群網路的人，在現實生活中並沒有滿足他們的認同渴望。

此外，認同渴望較強烈的人，會對於沒人按「讚」這件事過於敏感，如果讚數太少，也容易產生負面情緒。如此一來，只是被他人的反應弄得心煩意亂，無法過上平靜的生活。

因此重要的是，不要試圖透過社群網路來滿足認同渴望，而是切換成藉由身邊的人際關係、學習、工作、興趣等方式來充實自己的生活，在現實世界中滿足認同渴望。

我曾見過有人在成為認同渴望的俘虜後，拚命上傳照片，炫耀自己過得多麼充實，只在意朋友對照片的反應和按讚數量。但後來那個人覺得每天做這些事很麻煩，下定決心放棄這種生活。他說放棄之後，心情舒暢許多，也重新找回自我。

適度在意「他人眼光」固然重要，但是在社群網路上與很多人連繫、交流，也會有被「他人眼光」束縛而導致疲憊的風險。為了避免這種情況，保有遠離社群網路，擺脫「他人眼光」的時間是很重要的。

你能對朋友說出真心話嗎？

為了不被認同渴望牽著鼻子走，和身邊的人說出真心話很重要。**只有在坦誠相待的關係當中，認同渴望才能獲得滿足**。需求獲得滿足後，即不具備激發行為的動力，自然也就不會再被認同渴望所左右。

問題在於我們常常很難建立起坦誠相待的關係──「想要率性地做自己，但又覺得害怕」這種心理會不斷作祟。這就是所謂的自我揭露（Self-Disclosure）的矛盾。

自我揭露，就是把自己的想法和經驗坦率地傳達給對方，被視為是心理距離的指標。根據相互了解的程度，可以看出兩個人心理距離的遠近。

如果你不習慣社交或缺乏自信，通常也較無法大膽地自我揭露。因此，很難建立起親密的關係。

那麼，是什麼原因讓人們對於自我揭露猶豫不決呢？針對人會克制自我揭露的主要原因，我從調查的結果當中，得出以下三項因素。

第一項因素是**擔心破壞現有關係的平衡**。這可以說是反映出了一種心理恐懼——害怕破壞現在愉快的氣氛，也害怕和對方深交之後造成傷害或被傷害。具體而言，所指的是以下這些想法——

- 當時的場合和氛圍不適合向對方敞開心胸。
- 我想要的是不要太沉重，輕鬆愉快的關係。
- 我不想貿然深入，造成傷害或是被傷害。
- 我討厭自己所說的話被洩露給其他人。

第二項因素是**對於深度相互理解帶有負面情緒**。這可說是過度誇大自己和他人之間的差異，於是在對於與他人的相互理解上，反映出悲觀態度的心理。具體而言，所指的是以下這些想法——

- 沒有人能理解自己的想法和心情。
- 把自己的想法和經驗告訴別人也沒有意義。
- 彼此之間沒必要那麼深入地了解對方。
- 無論是多麼親密的關係，彼此在對於事情的看法、想法和敏感度上皆有所不同。

第三項因素則是**對於他人的反應感到不安**。這種反映出對於他人反應感到不安的心理，舉例來說，內心在意不知道他人是否會對自己的言論產生共鳴，或者討厭被人嘲笑說自己小題大作等等。具體而言，所指的是以下這些想法——

- 不確定對方是否也有同樣的想法，因而感到不安。
- 不想讓他人覺得自己把無聊的事情看得太嚴重。
- 想要避免意見對立。

明明有想要親近的對象，卻又不敢敞開心扉，難以縮短心理距離的人，就是抱持著類似第一因素和第三因素這樣的不安心理。因為抱持著這些想法，讓他們很難坦率地敞開心房。

我們針對約一百五十名大學生進行了一項調查，詢問他們是否會向平時經常聊天的朋友坦率地說出自己的想法，結果幾乎所有人的回答都是：「很難向朋友坦誠說出自己內心的想法。」他們所提出的理由都符合前述三項心理因素的其中之一。可以看到的典型反應如下——

- 因為在意對方的反應，不願意談論自己的隱私和內心世界。對於自己的意見也沒信心，擔心會嚇到對方，所以不敢說出自己的想法。

- 即使想跟朋友說真心話，但一想到朋友不會理解的時候，就無法說出口。畢竟說真心話也是需要勇氣的。
- 很在意周遭人的想法，要說出自己的想法需要非常大的勇氣。
- 覺得自己無論如何都會太在意對方的想法。很羨慕能夠直接說出自己想法的人，認為如果不是相當有自信的人，應該是說不出口的。
- 害怕被朋友孤立，也擔心萬一自己的想法和感受與別人不同，該怎麼辦，所以很難明確說出自己的想法。無法把自己的想法坦率地告訴朋友。果然還是因為害怕被討厭。
- 擔心萬一意見不同，會影響好不容易才建立起來的關係，所以即使有自己的意見也不敢輕易說出口。
- 認為能說出自己意見的人是極少數。有時候也會配合現場的氣氛，說出讓對方高興的意見。

● 會思考如果說出這樣的言論，會不會害對方心情不好，或者因顧慮到對方的感受可能跟自己不同而難以開口，在這些想法之下，開口之前總再三反覆斟酌。

由此可見，害怕破壞目前的關係，或因為太在意對方的反應而不敢明確地說出自己的意見——這算是許多年輕人共通的心理。

事實上，不僅是你，對方很可能也覺得彼此之間只說些無關痛癢的話，這樣的朋友關係稍嫌美中不足，希望能更加坦率地談論各種事情。可惜，雙方都沒有勇氣主動邁出第一步。

這種情況所潛藏的心理因素，就是前述三個因素當中的第一個因素「擔心破壞現有關係的平衡」和第三個因素「對於他人的反應感到不安」。

朋友間的疏離感，如何消除？

即使氣氛很熱烈，也無法表現出真實的自己，想必大家都曾有過這樣的經驗吧！與朋友相處的時刻，雖然覺得很歡樂，但是，心裡總覺得缺少些什麼。

某位二十多歲的女性告訴我，她樂於和朋友一起去逛街購物、吃飯、聊聊戀愛和流行的話題。然而雖然經常一起外出，自己卻有怎樣都無法向朋友展現的一面。

原因來自高中時期，她曾經因為一件小事而十分煩惱，當時她向好友傾訴，卻換來朋友輕描淡寫地說：「哦，原來你在為這種事煩惱喔？真是個怪咖。」

每個人的感受都不同，也許是自己太天真了，以為朋友一定能理解我的想法——聽到朋友的回應後，她覺得大受打擊，總有種被拋棄的感覺。她說從那以後，就再也不敢讓他人窺見自己的內心世界了。

「人不會永遠都是開朗的，不是嗎？也會有心情低落、焦躁不安的時候。我想每個人的內心都有陰暗面。只不過，和朋友相處的時候，不會表現出來，只會表現出開朗的一面。」

「但是，我有時會想，這樣難道不是一種虛假的親密關係嗎？也許是覺得著急吧，總想要是能夠更真實地展現自己就好了。」

她想就像那樣，傾吐隱藏在自己內心的想法。

和大家一起嬉鬧時覺得很開心，也喜歡在ＫＴＶ裡喧騰歡鬧，很享受這種場合的人確實是自己；但一個人獨處的時候，覺得「無法在大家面前展現真實自我」，而變得稍微陰暗的那個人也是自己。她說，有時會分不清哪個才是真正的自己。

「事實上，無論哪一個都是真實的自己吧！和朋友在一起時，那個開朗的自己是；當一個人獨處時，那個露出陰暗面的自己也是。大概就是這種感覺吧！我總覺得只能夠表現出自己的某一面這個事實，難免讓人感到孤寂。」

我認為這是非常準確的自我分析。

任何人都不可能只活在光明的一面。有時也會遇到討厭的事、生氣的事、讓你心煩意亂的事；也會因為事情不如預期而感到焦急；有時會覺得心裡受傷；有時會感到非常沮喪；有時被煩憂所擾；有時極度不安地過著日子——這些都是很正常的事。

如果有一個能夠讓自己完全展現內心的人，那該是多麼幸福的事啊！但是，我們很多時候因為顧及對方的感受、害怕對方的反應，所以只用開朗的那一面對待他人。

這樣做也許可以讓氣氛保持融洽，只是難免會有不能表現自我的挫敗感。這種想法也會讓人感到遺憾，即使與朋友在一起相處得很愉快，卻有一種疏離感，讓人覺得彼此之間還是有距離。

那麼，我們究竟應該怎麼做才好呢？

自我揭露博好感，留下真心朋友

要想建立起相互認同的親密關係，就必須坦誠地展現自己。但是，邁出這一步並非易事。誠如前述，因為我們害怕對方的反應，即使明知道不能坦率地表現自己，就無法建立起親密關係，卻還是因為擔心對方會怎麼想，做不到坦誠以對。

根據心理學的研究，在認同渴望當中的迴避拒絕需求，也就是非常不想得到負面評價的人，喜歡流於表面的友誼關係。這樣一來，將永遠無法建立起能夠真正相互認同、滿足彼此認同渴望的親密關係。

若想要展現自我，也就是自我揭露，每個人都需要勇敢邁出第一步。

也可能本來很喜歡對方的外表，聊些不痛不癢的膚淺話題時也還挺開心的，在聊天的過程中更沒有任何不適感，但是，當鼓起勇氣談論一些較深入的話題時，就看到了彼此私底下的真實面孔，總覺得對方是生活在異世界的人。就算如此，你也只能告訴自己，這是沒辦法的事。明白這一點之後，再與其保持距離即可。你只要這樣想就好了。

畢竟如果**和價值觀不合的人建立起親密關係，之後也只會覺得痛苦**。提早知道彼此不合適也是好事。

當我們下定決心坦承自己的內心世界時，如果對方沒有認真回應，而是輕描淡寫地搪塞過去，雖然會讓人覺得很受傷，但由此也可以猜想應該是彼此的感受不同，因而無法產生共鳴。如此就會明白彼此之間的差異，了解今後也難以變得更親密了吧！

如果對方的反應是驚訝或輕視，那麼你就更應該知道對方不是可以親密交往的對象。

在尚未深入交往的階段就能明白這一點，可以說是一種幸運。

不管怎樣，只有鼓起勇氣展現自己，才能夠知道對方究竟是怎樣的人。在不斷壓抑自己、只流於表面的朋友關係中，是不可能了解彼此是否合得來的。

孩提時代就開始擁有許多朋友的人，經歷過各式各樣的互動，已經習慣邊觀察對方的反應，邊適度地展現自己，以此來調整今後與對方的距離。但是沒有結交過密友的人，一旦對方做出負面消極的反應，就會非常受傷，容易變得對他人緊閉心房。

如果你覺得自己也有符合上述內容之處，請再次提醒自己，人與人之間也要看是否合得來，並不是任何人都能分享彼此的想法。

這次只是因為運氣不好，遇到一個無法相互理解的人，但沒有人知道下次還會遇到怎樣的人，屆時你只要再試著展現自己加以確認即可。重要的是抱持著這樣的心態去嘗試。

話說回來，你是否也曾經歷過以下的場景呢？

本來已經能夠親切地交談，下次見面時，卻莫名地變得很陌生；先前明明相談甚歡，這次卻表情僵硬，說話十分客氣，總覺得有距離感。這讓你擔心自己是不是說了什麼惹怒對方的話，但是，努力回想當時的情景，也想不出有什麼特別的地方，只知道對方現在的態度讓自己很困惑。

在這種情況下，很可能並不是你說了什麼傷害對方的話，而多半是在融洽的交談中，誘發出了對方心中「被拋棄的不安」。

不知不覺就得意忘形地過度表現自己，也會讓對方感到擔憂。而對方坦率地說出自己的事情和想法後，也會很在意你是否覺得奇怪。他不會覺得我是個奇葩怪咖嗎？他是否窺探到我不安的內心呢？我會不會被瞧不起，在心裡被嘲笑？對方在意的其實是這些事。

會感覺不安的不僅是你，對方也會有如此的擔憂。如果彼此都沒辦法克服這種焦慮心情，就會讓好不容易才建立起來的親近關係，再一次變得疏遠。

想要克服「被拋棄的不安」，就必須大膽去展現自己。只要嘗試，便會因而產生自信，別人也會漸漸接受這樣的自己——當你能這樣想時，你也就能夠接受自己了。

下定決心展現自己，為什麼會讓人產生自信呢？這是因為在每個人的內心深處都藏著「被拋棄的不安」，同時也都很在意他人對自己的看法。只要你敞開心扉，對方就會覺得你是帶著善意看待他，對你產生好感，並也主動表露自我。透過這種相互的自我揭露，便能消除雙方心中的「被拋棄的不安」，自信也會隨之而來。

根據多項心理實驗證實，**自我揭露能引起對方的好感**。面對沒有好感、無法信賴的人，人是無法坦率展現自己的。正因為如此，自我揭露才會被認為是好感和信賴的表現。因此，要有敢於自我揭露的勇氣。

有時候坦誠相對也可能讓人受傷。他人可能會因為你的想法而瞧不起你、把你的事說出來和其他人一起嘲笑你，或是覺得話題太沉重無法奉陪而退縮。

但是，會在你敞開心扉時，瞧不起你、嘲笑你、疏遠你的人，本來就不值得當成知心好友。甚至可以說，還好在認識不深時就明白這件事，如此一來只要基於這一點，跟對方保持距離即可。

如果你想要擁有可以毫無顧慮地展現自己的朋友，就得先拋開一切不安的想法，將自己展露無遺。然後觀察對方的反應，就能夠知道對方是否適合成為摯友。

一分鐘內心檢查表：你有被拋棄的不安嗎？

在此不妨試著檢查一下自己內心的「被拋棄的不安」吧！

不管當事人有沒有意識到，在潛藏於內心深處的「被拋棄的不安」影響之下，人會在人際交往中變得消極。若想要改變人際風格，最重要的，是要先從「意識到自己是否有『被拋棄的不安』」開始做起。

為了檢視自己是否有「被拋棄的不安」，請回想一下自己的行為，確認看看是否有符合下一頁表格中的各項內容。

「被拋棄的不安」源於嬰幼兒時期的親子依戀關係，許多人或多或少在內心深處都有「被拋棄的不安」。因此，會出現符合的項目是理所當然的事，這並不代表符合項目很多就是有問題。

	「被拋棄的不安」檢查表
	① 受人拜託事情，很難開口拒絕。
	② 被動等待他人邀請，自己很少主動邀請他人。
	③ 非常不希望成為別人的負擔。
	④ 對方露出不高興的樣子，就會擔心是不是自己的錯。
	⑤ 如果沒有收到回覆郵件，就會懷疑對方是不是在躲避自己，覺得非常擔憂。
	⑥ 電話打不通時，會擔心對方為何不接，於是不停連call。
	⑦ 因為太在意對方的看法，很難展現自己。
	⑧ 為了帶動氣氛，經常扮演丑角。
	⑨ 為了不傷害他人的心情，說話時加倍小心。
	⑩ 很難拒絕朋友的邀請。
	⑪ 和朋友相處時，不管去哪裡、做什麼事，總是配合對方。
	⑫ 如果意見對立，因為覺得尷尬，所以不太會堅持己見。
	⑬ 害怕破壞現有關係，不敢說出自私任性的話。
	⑭ 有時對於勉強扮演好人的自己感到疲累。
	⑮ 會說些討好對方的言論。
	⑯ 總是觀察周遭人的臉色。
	⑰ 和朋友在一起的時候，會努力炒熱氣氛。
	⑱ 和大家分開後，一個人獨處時會突然疲憊不堪。
	⑲ 如果對方邀請別人卻沒來問自己，會非常介意。
	⑳ 發生分歧齟齬時，因怕關係變尷尬，會主動求和修復關係。

在這份檢查表中，並沒有所謂符合多少項以上就算達到病態標準。只是，如果符合項目過多，便有必要懷疑是不是「被拋棄的不安」已經讓你日常的人際交往變得非常有包袱。

這個檢查表不是用來當作診斷的，只是希望大家能借此機會，留意自己內心活動的心理機制。

越想當萬人迷，真心喜歡你的人越少

只要克服自己內心的「被拋棄的不安」，下定決心試著坦率地展現自己。在絕大多數的情況下，對方都會帶著善意接受你，同時也向你表露自己。藉此加深關係，打開相互認同之路。

萬一對方的反應不佳，你只需要知道，對方不是你應該更加親近的對象即可，不必過於在意，這一點我想大家應該都明白了。

話雖如此，被人討厭、被敬而遠之、被用厭惡的態度對待，絕對不是什麼愉快的事。

儘管如此，你也只能告訴自己這是沒辦法的事。就像「投緣」這個詞一樣，每個人都有跟自己無緣的對象，總是會有合得來和合不來的人。

有時因為覺得對方有誤會，沒有真正理解自己，所以我們會透過各種方式，努力想讓對方理解自己。這樣做固然重要，但有時候努力到最後，對方還是無法理解自己——想必你也曾經有過這樣的經歷吧！

如果價值觀不同、性格極端不合，對方確實會很難理解自己。這個時候，不要責怪自己，也不要責怪對方，就此放棄吧！

越是不奢望被大家喜歡的人，越可能結交到暢所欲言的知心好友。既然有合得來的人，當然也會有合不來的人。這世上就是會有不了解自己的人，那也是莫可奈何的事。只要能夠想通這一點，也就不會因為過於在意對方的反應而戰戰兢兢了。

如果你能採取這樣的態度，應該就可以下定決心展現自己了。即使對方因此表現出負面反應，你也只要止步於「淡如水、有距離」的朋友關係即可。

不過實際上，很少有人會嘲笑和冷淡地推開敞開心扉的人。只要能下定決心展現自己，拉近和對方的距離，通常都能夠讓親密的朋友關係往前邁進一步。

相反地，那些奢望成為萬人迷的人，為了不被他人討厭而壓抑自己、太在意對方的感受、過於迎合對方，反而會讓自己與他人之間產生距離感，變得任何人都無法親近。

換言之，想要被所有人喜歡，反而會陷入和誰都不親近的弔詭陷阱。

不要奢望人人都喜歡自己。合則來，不合則去，這是理所當然的事，請不要忘記這才是能夠結交到摯友的訣竅。

放下「他人眼中的自己」，真正關注他人

和那種過分在意別人眼光的人當朋友時，會發現一件很神奇的事情。那就是他雖然在意對方的眼光，卻不關心那個人的狀況。

舉例來說，有些人面對喜歡的異性，雖然會非常在意自己在那個人眼中的形象，心想：「那個人對我的看法如何？如果對我有好感，那就太好了，可是我沒有自信。我想總不會是負面印象吧？」等等。但是，當對方無精打采、情緒低落時，別說是關心了，可能甚至連他的樣子和平時不同也沒發現。

或是面對上司時，心想：「上司對於我的工作表現有給予合理的評價嗎？我還算努力，但是上司好像不太注意我的樣子，這樣沒關係嗎？」在

意上司對自己的看法。又或者想著：「那個人對部屬的工作表現完全沒興趣耶！身為上司，應該要更加關心部屬才對，真傷腦筋耶！」雖然如此滿嘴抱怨，但實際上對於上司的立場和情況卻絲毫不在意。當上司被客戶蠻不講理地責備時，即使看到上司一個勁地向顧客道歉，既不想在事後安慰他，也不想聽他發發牢騷，完全就是漠不關心。這種情形並不少見。

表面上看似對人很關心，但實際上他關心的只有對方眼中的自己，他自己則完全沒有關注對方。他只介意對方對自己的評價，完全忽視對方的立場、心情和身體狀況，甚至根本就毫不關心。

明明那麼在意對方的眼光，實際上卻根本沒有看向對方。只關心自己。

這種人可能落入「自認為很在意對方，但是實際上在意的只是對方眼中的自己，只關心自己，而非真的關心對方，甚至根本沒把對方放在眼裡」的狀態。如果不向他人打開被自戀所封閉的視線，是無法真正與人親近，也無法建立信賴關係的。

如果想要滿足認同渴望，就不要只在意自己在別人眼中的形象，有意識地去關心對方本身吧！

想獲得認同，就從「理解他人」開始

人的需求因人而異，內心的強烈渴望也不盡相同。

只不過，在每個人的心中，都有一種強烈的渴望。

那就是「希望別人了解自己、認同自己」的認同渴望。

在這個世界上，確實存在各式各樣的人，可謂一種米養百樣人。價值觀和性格不同的人，往往很難理解及認同我們的生活方式。

有些人為了建立人脈，勉強自己與合不來的人打交道。然而缺乏權力慾望和上進心的人，無法理解他們的心情。

有些人一味地天真相信他人，被欺騙後卻沒有吸取教訓，反覆受騙嚐盡苦頭。從來不會輕易相信他人的人，無法理解他們的心情。

有些人只要站在人前就緊張得手足無措。那些不管和誰都能輕鬆交談的人，很難理解他們的心情。

總是被大家眾星拱月的人，無法理解被孤立者的心情。

這種價值觀和性格的差異，時常導致人和人之間出現各種分歧。

明明是出於好心，卻被對方嫌棄，有時甚至還會招致怨恨。

對自己來說，明明是非常重要的事情，他人卻覺得為何要拘泥於這種事情？有時還會感到驚訝和煩躁。

有時因為他人無法理解自己痛苦的心情，也會有辛苦地拚盡了全力，卻完全得不到理解的時候吧！

有時還會聽到他人直接否定自己生活方式的評論。

就像這樣，由不同性質的人組合在一起形成了社會。生活在這樣的社會當中，我們會不斷經歷不同性質的人無法理解自己的情況。正因為如此，「希望被他人理解」、「希望自己的生活方式獲得認同」的心情才會如此強烈。

無論是裝得多麼酷的人，幾乎內心都在呼喊「希望有人能理解我」、「希望有人可以認同我的生活方式」。我們都在期待能夠理解自己、認同自己的人的出現。

因為很重要，所以再重複一遍，**想要與他人相互了解，你就必須放膽地去展現自己**。如果總是隱瞞真心，聊一些無關痛癢的事，即使表面上關係良好、一團和氣，也無法發展成相互理解的關係。

因此，不如先從開誠布公開始做起吧。

雖然一想到不知道對方會如何反應，會讓人很難展現真性情。但唯一可以肯定的是，在你表現之前，誰也不知道你會收到什麼樣的反應。就算有時不被他人理解，會覺得受傷，但是，如果總是在意這些，就很難下定決心展現自己了。

每個人都是這樣的，大家都一樣會感到不安。

正因為如此，想要建立起相互理解、相互認同的關係，首先去了解對方、認同對方的生活方式是很重要的。

只要對方覺得「得到理解」、「獲得認同」，他也會願意開始去了解你、認同你。

想要消除自己的不安和挫敗感，首先就從幫助對方消除不安和挫敗感開始做起吧！如果能夠以這樣的心態與他人交往，就能夠接近相互認同的關係了。

結語

網路時代的重要課題，與認同渴望共處

與認同渴望有關的內心糾葛，大家如今是否已經理解了呢？本書運用具體案例進行解說，光看標題也許覺得難以體會，但相信在閱讀之後應該便能切身感受到了吧！

認同渴望，也就是想獲得他人認同的心情，是每個人都有的強烈渴望。正因為有這樣的心情，我們才得以成長至今。

但是，最近被認同渴望所左右，並且飽受認同渴望之苦的人變得非常醒目。

不知道如何滿足認同渴望，並為此所苦的人……

因為想讓大家發出讚嘆聲，發佈可能會引發爭議的網路貼文，結果陷入困境的人……

對於自己太過於強烈的認同渴望束手無策的人……

為什麼這些人會引人注目？又出於什麼原因這麼做呢？關於這一點，在本書當中已有詳細的說明，在此就不再重述。

即使是沒有意識到自己被認同渴望牽著鼻子走的人，在閱讀本書的過程中，應該也會發現，自己可能也正被認同渴望所操控。

正如文中所強調的，每個人都會有認同渴望，這絕對不是一件壞事。不過，近來在社群網路的急速發展之下，認同渴望容易被過度刺激也是不爭的事實。因為不知道如何適當地滿足認同渴望，不知不覺中人們就被認同渴望牽著鼻子走了。然而不如意的事十有八九，有些人每天因而過得鬱鬱寡歡，甚至還做出匪夷所思的事情。

對生活於這種時代的我們而言，如何和認同渴望和平相處，可說是迫在眉睫的課題。

因此，在第五章當中，我為大家介紹了有效控制認同渴望的方法。請以此為參考，妥善地控制在自己內心伺機而動的認同渴望吧！只要掌握基本的應對方法，你就不會被認同渴望所左右，反而能以它為原動力，持續不斷地成長。

因為CrossMedia Publishing Inc.的根本輝久先生擔心有太多人被認同渴望所左右，於是委託我策劃了這本書。在本書當中，除了揭開認同渴望的真實面貌，講解這個時代容易被認同渴望所俘虜的現況，同時也為大家介紹了不受制於認同渴望的技巧。

衷心期盼本書能夠有助各位理解認同渴望，並且對於那些因為無法控制認同渴望而感到痛苦的人有所助益。

榎本博明

國家圖書館出版品預行編目(CIP)資料

人們為什麼想要被認可？：如果這樣在意人，你會累的！／榎本博明著；駱香雅譯. -- 初版.-- 新北市：方舟文化出版：遠足文化事業股份有限公司發行，2022.10

面；　公分. --（心靈方舟；44）

譯自：承認欲求に振り回される人たち

ISBN 978-626-7095-70-6（平裝）

1.CST：人際關係　2.CST：自我肯定

177.3　　111013317

心靈方舟 0044

人們為什麼想要被認可？

如果這樣在意人，你會累的！

原 書 名 承認欲求に振り回される人たち

作　　者 榎本博明
譯　　者 駱香雅
封面設計 張天薪
內文設計 莊恒蘭
主　　編 林雋昀
行銷主任 許文薰
總 編 輯 林淑雯

讀書共和國出版集團
社長 郭重興
發行人兼出版總監 曾大福
業務平臺總經理 李雪麗
業務平臺副總經理 李復民
實體通路協理 林詩富
網路暨海外通路協理 張鑫峰
特販通路協理 陳綺瑩
實體通路經理 陳志峰
印務部 江域平、黃禮賢、李孟儒

出 版 者 方舟文化／遠足文化事業股份有限公司
發　　行 遠足文化事業股份有限公司
231新北市新店區民權路108-2號9樓
電話：（02）2218-1417
傳真：（02）8667-1851
劃撥帳號：19504465　戶名：遠足文化事業股份有限公司
客服專線：0800-221-029　E-MAIL：service@bookrep.com.tw
網　　站 www.bookrep.com.tw
印　　製 東豪印刷事業有限公司　　電話：（02）8954-1275
法律顧問 華洋法律事務所　蘇文生律師
定　　價 360元
初版一刷 2022年10月

方舟文化官方網站　　方舟文化讀者回函